成长的影像：青少年心理情景剧创编实务

白建立　吴　薇　主编

中国商务出版社

·北京·

图书在版编目（CIP）数据

成长的影像：青少年心理情景剧创编实务／白建立，
吴薇主编. -- 北京：中国商务出版社，2025.6.
ISBN 978-7-5103-5715-2

Ⅰ . G444

中国国家版本馆 CIP 数据核字第 20252Y4G00 号

成长的影像：青少年心理情景剧创编实务

白建立　吴　薇◎主编

出版发行：中国商务出版社有限公司

地　　址：北京市东城区安定门外大街东后巷 28 号　邮　　编：100710

网　　址：http：//www.cctpress.com

联系电话：010—64515150（发行部）　　010—64212247（总编室）
　　　　　010—64515164（事业部）　　010—64248236（印制部）

责任编辑：及晓颖

排　　版：北京天逸合文化有限公司

印　　刷：宝蕾元仁浩（天津）印刷有限公司

开　　本：787 毫米×1092 毫米　1/16

印　　张：15.25　　　　　　　　　　　　字　　数：271 千字

版　　次：2025 年 6 月第 1 版　　　　　印　　次：2025 年 6 月第 1 次印刷

书　　号：ISBN 978-7-5103-5715-2

定　　价：79.00 元

编 委 会

序

    青少年是祖国的花朵，民族的希望，他们的健康成长、全面发展，是国之大计、党之大计。当今，青少年的心理健康问题正在日益引起社会的广泛关注。他们正处于身心发展的关键阶段，有利的机遇和条件很多，面对世界变化、网络影响、学业压力、家庭期待、朋辈关系以及自我认同等多重挑战，虽然内心充满好奇、渴望与期待，但也会出现矛盾、困惑和迷茫。如何帮助他们更好地认识自我、表达情感、解决问题，实现可持续发展，获得幸福和价值超越，是每一位教育工作者、心理工作者和家长需要共同解决的重大课题。

    心理情景剧作为一种生动鲜活、互动性强的情感表达性艺术形式，为青少年提供了一个正确认识心理、形成健康心理且富有创造性的平台和契机。青少年心理剧创编活动，紧密围绕学生心理健康与全面发展的核心目标，有机融合体验式学习理论、积极心理学理论以及社会学习理论，是促进学生身心健康的宝贵课程资源和生动课堂。校内外教育机构借助心理情景剧这一独特的活动形式，从认知、能力、观念、社交等多个维度，全方位助力学生成长。这种活动形式不仅为学生提供了探索内心世界、解决心理困惑的机会，还在校园内营造出浓厚的关注心理健康成长的氛围，促进学生之间的交流与互助，增强学生对学校的归属感，对推动学生全面发展、构建和谐积极的校园环境具有极为深远的意义。可以说，心理情景剧呼之欲出，大有可为。

    北京市高度重视心理情景剧的积极意义和育人价值，我所在的机构已组织五届全市中小学心理情景剧展示交流活动，朝阳区取得了突出的成绩！每每观看学生表演的校园心理情景剧，总能被感动。学生们的真诚投入和探索精神，使他们忘记了小我，实现了大我。

白建立、吴薇老师主编的《成长的影像：青少年心理情景剧创编实务》一书，正是基于这样的背景和需求编写而成，是时代之作，育人之作，更是促进学生心理健康的佳作。本书的显著特色在于完整地体现了心理情景剧的前瞻性、针对性、实务性和专业性。我们深知，再好的理论若不能落地，便难以发挥其真正的价值。本书基于学生立场和心理健康成长需求，注重实践应用，特别是可操作性，力求让读者能够迅速地将心理情景剧灵活运用到实际工作中。无论是班级心理活动、团体辅导，还是个体心理干预，书中的方法都能为学生提供有力支持。

青少年是待发现、待开发的无尽宝藏，他们的心理健康与时代脉搏共振。他们的身心发展状态，关乎个人、家庭乃至社会的和谐与高质量发展。我相信，本书的出版，将能够为更多致力于青少年心理健康教育事业的工作者提供助力，同时也为青少年自身提供一种有趣而有效的自我探索和认知重构的有益方式。

愿每一位读者都能从中获得启发，为青少年的身心健康贡献一份力量。

谢春风

2025 年 5 月 20 日

谢春风，北京教育科学研究院德育研究中心主任，研究员，教育学博士。北京市学校德育研究会副会长兼秘书长，教育部基础教育教学专家指导委员会学科委员，北京市督学。

前言

心理情景剧——青少年心理健康教育的创新路径

当下，青少年心理健康已成为教育领域的重要议题，也是无数家长的牵挂。看着青春期孩子时而叛逆、时而迷茫，家长既心疼又焦虑，不知如何才能真正走进孩子的内心。2025 年，国家卫生健康委将 2025—2027 年定为"儿科和精神卫生服务年"，重点关注青少年群体，呼吁全社会普及心理健康知识，助力青少年向阳生长。

在这样的背景下，《成长的影像：青少年心理情景剧创编实务》应需而生，堪称家庭教育与学校教育的"双向救星"！书中从理论到实践，全方位提升心理情景剧的针对性、实用性、专业性，不仅契合青少年心理健康教育的政策导向，为教育工作者提供实操指南，更成为家长的"解忧锦囊"。通过心理情景剧，家长能读懂孩子青春期的困惑，用孩子喜欢的方式沟通；教育者则能用生动剧情引导孩子探索内心。家校携手，让孩子顺利度过青春期，也让无数家庭告别养育焦虑，一同拥抱成长的温暖与美好。

近年来，心理情景剧成为广泛流行的一种心理健康教育形式，它通过角色扮演、情景模拟等方式，使青少年在轻松愉快的氛围中认识自我、调整心态，达到提高心理素质的目的。心理情景剧不同于传统的"心理主题+舞台小品"的简单组合，而是将心理学理论与戏剧表演艺术有机结合，形成一种具有深刻教育意义和疗愈功能的心理健康教育形式。心理情景剧的核心特点在于其互动性和参与性。

心理情景剧作为一种创新的心理健康教育形式，未来发展前景广阔，主要体现在以下五个方面。

（1）多媒体技术的应用。随着多媒体技术的发展，心理情景剧可以通过多媒体技术的运用，增强其表现力和感染力，提高教育效果。

（2）跨学科融合。心理情景剧可以与心理学、教育学、戏剧学等多个学科融合，形成更加丰富和深入的内容。

（3）互动式设计。未来的心理情景剧更加注重互动性，使参与者不再局限于观众的身份，而是深度融入其中成为表演的直接参与者。通过互动增强教育效果，实现更为显著的心理引导与知识传递。

（4）个性化定制。根据不同的青少年群体和心理问题，创编个性化的心理情景剧，通过这种个性化定制的方式，切实提高心理情景剧在解决青少年心理问题上的有效性和适用性，助力青少年心理健康发展。

（5）远程教育应用。随着远程教育的发展，心理情景剧可以通过网络平台进行传播和互动，扩大其影响力和覆盖面。

本书共十二章，涵盖四大部分内容，具有以下特色。

（1）理论与实践相结合。第一部分结合"心理剧治疗""戏剧治疗""社会剧"及"教育戏剧"的相关原理，论述心理情景剧的基本原理和意义（第一章）；第二部分针对青少年群体进行心理分析，概括青少年心理情景剧的相关主题（第二章）；第三部分围绕创编原理及八大主题，进行心理情景剧创编实操指导，并选取八个有代表性的剧本进行创编优化（第三章至十一章），值得一提的是，这一部分的"创编思路实录"内容，是创编者以第一人称讲述自己的创作构思过程，为各位读者提供最原始的创作参考；第四部分主要介绍心理情景剧的策划和组织工作（第十二章）。

（2）解决行业痛点。针对当前心理情景剧存在的"热闹有余、深刻不足；说教有余、疗愈不足；戏剧性有余，心理学含金量不足"等问题，本书提出了解决方案，旨在创编既深刻又好看，且兼具疗愈和教育意义的心理情景剧。

（3）突出实用性、针对性和可操作性。本书不仅提供理论指导，还通过实际案例和创编模板，教授如何创编既好看又具有辅导和教育意义的心理情景剧，也可作为大、中、小学学校，企事业单位相关部门的一本指南性质的工具书。

面对青少年心理健康教育难题，本书以创新视角破局，无论是教育工作者策划校园活动，还是家长寻找亲子沟通灵感，都能从中找到"解题思路"。希望这本书可以成为照亮青少年心灵成长的灯塔，助力更多人用心理情景剧搭建理解桥梁，让青少年成长之路充满关爱与阳光。

作　者
2025 年 2 月

目录

第一章
当舞台成为心灵的健身房

——青少年心理情景剧概述

在北京市朝阳区青少年活动中心礼堂，学生表演心理情景剧《微微》。主人公微微胆小懦弱，影子是其性格相反的好朋友，因微微多次放弃机会而与之分裂。后来影子意识到自己是微微的一部分，决定接纳并陪伴她，微微也从音乐中获得力量。最终通过努力，微微变得勇敢、自信。这场情景剧演出效果显著，《微微》旋律成为学生表达情感与勇气的符号，"勇敢的我"主题心理画更折射出成长共鸣。这种以同龄人故事为镜、以舞台体验为熔炉的心理情景剧，让青少年在观看和参与中照见自我、淬炼心灵，成为浸润成长的独特心理教育范式。

第一节　青少年心理情景剧的独特意义

青春的烦恼，就像迷雾中的小径，让人迷茫又困惑。在青少年心理健康问题日益突出的当下，心理情景剧化身"心灵解码师"，用生动的舞台故事，带大家拨开迷雾，解锁心理健康的奥秘，成为青少年成长路上的贴心伙伴。

一、新时代青少年心理健康教育的现实需求

在当今时代发展浪潮中，信息传播快，和世界的联系也越来越紧密。但对青少年来说，心里的烦恼却越来越多：学习竞争太激烈，压力大得喘不过气；和爸妈沟通困难，家庭矛盾一箩筐；刷手机、上网时，各种焦虑情绪找上门，还容易沉迷网络。《中国国民心理健康发展报告（2021—2022）》数据显示，2020 年青少年抑郁检出率已达 24.6%，心理健康问题已然成为影响青少年成长的关键议题。而传统心理健康教育中"单向灌输""理论说教"的模式，往往难以触及学生的真实情感需求。

为了解决这些难题，教育部联合 17 个部门发布了《全面加强和改进新时代学生心理健康工作专项行动计划（2023—2025 年）》，鼓励用艺术活动和亲身体验的方式，帮助学生调节心理。心理情景剧就是一种非常好的形式，它把演戏和心理疏导结合在一起，让学生把生活里的烦恼、纠结，通过舞台表演展现出来。

比如，某中学创作的剧目——《破茧》，讲的是主角怎样克服运动比赛压力的故事。很多同学看了之后，产生了强烈的共鸣，甚至觉得比听一场讲座的效果还要好。这种既能让人亲身参与又能治愈心灵的全新方式，正在成为帮助青少年心理健康的重要手段。

心理情景剧教育与传统心理健康教育在参与深度、体验强度、影响广度方面对比，如表 1-1 所示。

表 1-1 心理情景剧教育与传统心理健康教育的对比

对比维度	传统心理健康教育	心理情景剧教育
参与深度	被动知识接收	主动参与创作、表演与观演全流程
体验强度	侧重认知层面	实现认知、情感、行为多维度整合
影响广度	个体针对性辅导	达成群体心理疗愈与替代性学习效果

1. 从被动接受到主动创作：赋予学生心灵表达权

在传统心理健康教育课堂中，学生多处于被动接收状态；而心理情景剧通过角色扮演、即兴创作等方式，让学生转变为故事的"创作者"和心灵的"疗愈者"。例如，某中学师生在编排《我要我的星期天》时，通过演绎亲子沟通困境，学生不仅释放了积压的情绪，更在观众反馈中获得全新的认知视角，实现自我成长与反思。

2. 从抽象概念到具象呈现：构建可视化心理学习场景

青少年抽象思维发展尚未成熟，基于这个特点，心理情景剧将"情绪管理""自我认同"等专业知识转化为生动的戏剧场景。例如，用"情绪怪兽"把焦虑的情绪具象化，通过主角与怪兽的对抗，将抽象心理过程转化为可视化冲突，实现认知、情感与行为的多通道整合。研究表明，戏剧化呈现对学生知识记忆的留存有积极作用，教育效果非常明显。

3. 从个体干预到群体共鸣：打造沉浸式心理成长空间

心理情景剧的创作与演出本质上是群体协作活动。在集体创编过程中，学生通过角色互换、共情训练形成"情感共同体"。例如，某初中学校学生在排演人际冲突主题剧目时，演员因角色理解分歧陷入僵局，最终通过心理剧中的"替身技术"实现换位思考，达成和解。这一过程本身就是生动的团体辅导实践。

北京市朝阳区某中学通过调查发现：参与过心理剧创作和演出的学生，用专业测试心理健康的 SCL-90 量表测评时，他们在"和人相处容易敏感紧张"这一项的得分，比之前低 23%。这比普通的团体心理教育活动效果好太多了。为什么有这么神奇的效果？因为创作、演出心理剧就像在"安全小剧场"里的角色扮演，学生能大胆尝试不同的说话、做事方式。就算演砸了也没关系，毕竟是演出的场景。而这些试错经验都能直接用到现实生活里，帮助大家更好地处理人际关系。

二、青少年心理情景剧的独特价值

心理情景剧不仅是青少年心灵成长的"情绪实验室"，更是教育创新的"多面棱镜"。它以戏剧为媒，在学科融合中打破壁垒，在心理教育中破解困局，在多方协作中搭建桥梁，展现出超越传统教育形式的多元价值。

1. 教育改革的破局利器

2024 年，教育部印发《关于全面实施学校美育浸润行动的通知》中明确指出，需"加强美育与德育、智育、体育、劳动教育的融合"。心理情景剧恰如一把"万能钥匙"，在美育维度，学生通过剧本创作与舞台演绎提升审美感知；在德育层面，角色间的价值碰撞引导学生思考道德抉择；在劳动教育领域，从舞美设计到道具制作，每一个环节都成为实践能力的"练兵场"，如图 1-1 所示。

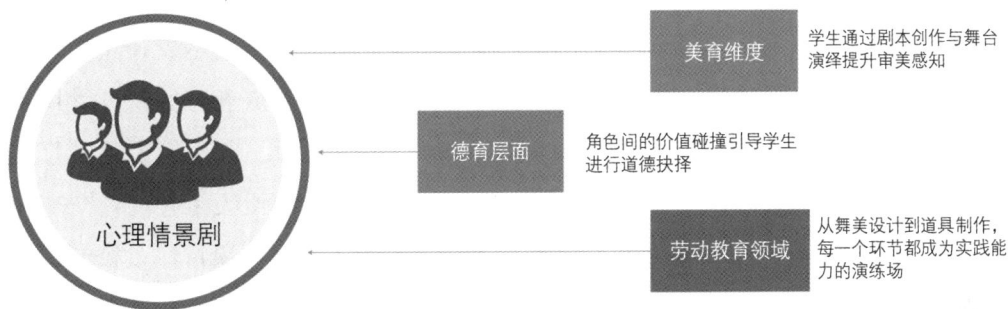

图 1-1　心理情景剧在不同维度的表现

可以说，心理情景剧打破了学科边界，将美育、德育、心育与劳动教育巧妙编织在一起。以《爱的抉择》为例，主角在升学压力与音乐梦想间的挣扎，既传授了生涯规划知识，又激发了学生对生命意义的哲学思辨，精准呼应"五育并举"的教育目标。

2. 破解心理教育的三大困局

青少年心理教育常面临"知易行难"的困境，传统讲座、班会等模式难以触达心灵，说教式沟通与青春期特有的叛逆、敏感产生天然隔阂。那么，如何让心理教育从"耳旁风"变为"心共鸣"呢？心理情景剧正成为破局的关键钥匙。

（1）跨越"知易行难"的鸿沟。心理情景剧将抽象的心理困境转化为具象的戏剧冲突。当《破茧》剧中的主角因考试焦虑撕碎试卷时，观众看到的不仅是剧情，更是现实中无数学生的情绪缩影，让晦涩的心理学概念变得真实可感。

（2）击碎"沉默的壁垒"。角色面具成为学生表达的"安全屋"。在《沉迷》剧中，象征网络依赖的"黑色斗篷"，让学生得以卸下防备，将隐秘的情感与困惑投射于舞台上，实现了安全且充分的情绪释放。

（3）打破"孤军奋战"的困局。心理情景剧凝聚多方教育力量。从剧本构思到登台演出，心理教师的专业指导、班主任的统筹协调、家长的深度参与，共同构建起立体教育网络。如在《我想对你说》剧目排演中，家长参与对话设计，意外打开了家庭沟通的新窗口。

3. 构建教育共同体的黏合剂

深圳某高中创编了《餐桌上的对话》，该剧目是家校共创形式，它用戏剧的"镜像魔法"展现出惊人力量。当家长在剧本里看到自己"吃饭时不停接工作电话，忽略孩子感受"的戏剧化场景时，仿佛照见了现实中的教育盲区。超过60%的家长在观演后主动调整沟通方式，甚至自发组织"无手机家庭晚餐日"。

这种现象背后，是心理情景剧特有的"共情共振"效应——它不仅让家长理解孩子的内心世界，更推动学校、家庭、社会打破信息壁垒，形成教育共识。学校还顺势推出了"家校戏剧工作坊"，邀请心理咨询师、戏剧教师、家长代表共同打磨剧本，将家庭矛盾、校园社交等真实案例转化为教育素材。家长从"旁观者"变为"共创者"，学生的问题反馈成为剧本灵感，社会资源也通过合作项目注入校园。心理情景剧正以戏剧为纽带，串联起教育生态的各个环节，推动形成良性互动、协同育人的新局面。

第二节　心理情景剧的理论基础

心理情景剧并非简单的"心理课+小品"，它的每一个情节设计、角色互动都隐含着深厚的理论智慧。心理情景剧的每一个角色设计、每一段剧情推进，都如同精密的齿轮，与四大经典理论体系及青少年发展心理学环环相扣。让我们一同破解这场心灵戏剧背后的理论密码，如表1-2所示。

表1-2　心理情景剧的理论基础

理论体系	核心贡献者	关键概念	应用示例
心理剧治疗	雅各布·莫雷诺	角色扮演、替身技术、社会原子理论	《我想对你说》中通过"空椅子技术"外化人际冲突
戏剧治疗	罗伯特·兰迪	隐喻叙事、仪式化表演	《微微》用"影子"隐喻自我认知的挣扎
社会剧	雅各布·莫雷诺、库尔特·勒温	团体动力、社会角色分析	《破茧》通过"压力雕塑"呈现家庭、学校、自我的三方角力
教育戏剧	多萝西·希思考特	过程戏剧、教师入戏	《如果能再努力一点》通过"黑纱布"的意象叠加引导学生反思

一、心理剧治疗理论：打开心灵枷锁的戏剧密钥

心理情景剧的根基可追溯至雅各布·莫雷诺（Jacob Moreno）创立的心理剧理论。这位先驱曾有个精妙的比喻："人的心理问题就像被锁在阁楼里的旧箱子，而戏剧是打开它的钥匙。"在青少年心理剧中，常用的三大核心技术正源于此。

1. 角色理论：打破固有角色的牢笼

莫雷诺的角色理论认为，人的许多心理困扰源于"角色僵化"。比如，有的学生长期困在"乖乖仔""边缘人"的固定人设中，压抑真实的自我。通过"角色扮演—角色互换—角色训练"三部曲，让学生突破既定模式，找到真实的自己。

在《我不是小透明》心理情景剧中，原本内向的学生通过扮演班干部，重新发

图1-2 角色理论的"三部曲"

现自身价值；在亲子矛盾情景剧中，学生与家长互换角色，在换位思考中架起理解的桥梁。这些戏剧化的角色转换，最终演变成校园心理剧中"内心小剧场""分身对话"等经典设计。

2. 自发性与创造力：激发心灵的化学反应

莫雷诺强调，心理疗愈的关键在于唤醒个体创造性解决问题的能力。这一理念直接催生心理情景剧中的即兴创作环节。不同于按部就班的剧本，即兴表演鼓励学生临场发挥，在思维碰撞中找到解决问题的新思路，让每一场演出都充满未知与惊喜。

3. 社会原子理论：编织人际网络的密码

在莫雷诺创立的心理剧理论中有"社会原子"概念，阐述的是每个人在社会关系网里都有自己的位置。这一概念放到现在青少年的网络社交难题里，就像一把"万能钥匙"。比如，学生画"心理地图"时，能清楚地看到自己在朋友圈里是处于"中心"还是"边缘"。

另外，莫雷诺强调的"此时此地"原则，提醒大家在创作心理剧时，要抓住当下最真实的感受——比如吵架时的愤怒、被冷落时的委屈，把这些情绪放到剧情里，反而更能打动人心，帮大家看清自己的社交困境。

二、戏剧治疗：故事里的心灵解药

戏剧治疗有句很温暖的话："故事能治心病"。苏·詹宁斯（Sue Jennings）是英国戏剧治疗领域的先驱人物，被誉为"戏剧治疗的现代推动者"。她曾说，当我们用神话、童话或者即兴表演这些"象征性语言"聊痛苦时，心里会不知不觉放下防备。作为表达性艺术治疗的"温柔手术刀"，戏剧治疗通过独特的心理转化机制，在校园心理情景剧中释放出惊人的治愈能量，其核心机制包括以下三个方面。

1. 审美距离：安全的情感"缓冲带"

借鉴布莱希特（Bertolt Brecht）的"间离效果"，戏剧治疗为参与者打造了一个安全的情感宣泄空间，就像隔着毛玻璃看风景，学生们通过扮演他人，既能释放情绪，又不会陷入过度的情感漩涡。比如，一位社恐学生通过扮演自信的演讲者，逐渐克服了自己在现实中的恐惧，这就是审美距离的神奇功效。

2. 隐喻转化：破译情绪密码的"魔法符号"

在戏剧治疗的世界里，每一个象征意象都是破译情绪密码的"魔法符号"。用"被困在玻璃罩中的鸟"隐喻自我封闭，用"迷宫"象征青春期的迷茫，这些充满诗意的隐喻不仅巧妙地保护了青少年的隐私，更让难以言说的复杂情绪找到了宣泄口。相关研究数据显示，隐喻的运用能使青少年的心理防御机制减弱。当舞台上的"情绪怪兽"被主角用"勇气宝剑"驯服时，台下的观众也在不知不觉中完成了一次对焦虑情绪的认知重构。

3. 兰迪角色法：实现心灵蜕变的"三阶跃迁"

罗伯特·兰迪（Robert J. Landy）的角色法是一种心理学方法，它通过让个体扮演特定角色，深入体验角色的情感、思维和行为模式，促进自我认知和行为改变，帮助个体更好地理解自身及他人，以实现心理成长和发展。

罗伯特·兰迪的角色法，为心理情景剧注入了实现心灵蜕变的"三阶跃迁"能量，如图1-3所示。

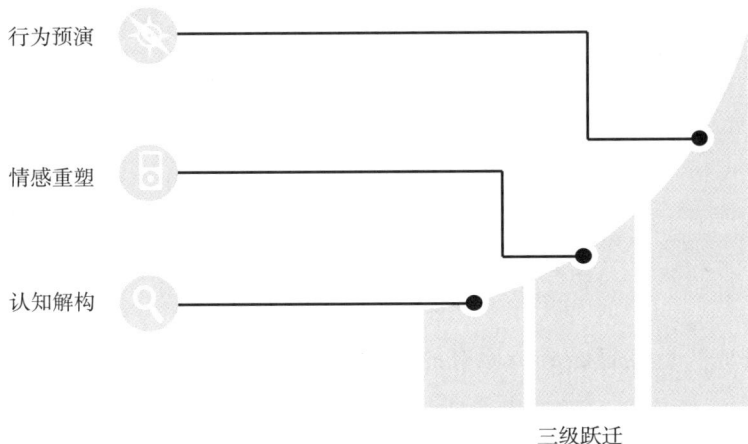

图1-3 "三级跃迁"能量示意

（1）认知解构：将抽象的心理问题外化为具体角色，比如把焦虑具象成张牙舞爪的"情绪小恶魔"，让学生在对抗"敌人"的过程中，重新审视问题本质。

（2）情感重塑：借助替身技术，让有抑郁倾向的学生通过"另一个自己"勇敢表达内心想法。某次演出后，一名学生含泪拥抱替身演员说："原来那些不敢说的话，真的有人愿意倾听。"

（3）行为预演：社会技能训练数据见证着戏剧治疗的神奇效果——经过6次情景模拟，社交焦虑学生的目光接触时长平均增加2.8倍，他们在舞台上反复练习的自信姿态，正逐渐成为现实生活中的行为习惯。

三、社会剧与社会学习理论：校园里的社会"模拟舱"

社会剧创始人莫雷诺敏锐捕捉到团体动力对个体的深刻影响，而阿尔伯特·班杜拉（Albert Bandura）的社会学习理论则揭示了观察与模仿在行为塑造中的关键作用。当这两大理论与心理情景剧相遇时，便构建出一座充满实践智慧的社会"模拟训练场"，帮助青少年提前演练社会生存技能。

1. 团体动力学：透视群体影响的"魔法显微镜"

库尔特·勒温（Kurt Lewin）是现代社会心理学、组织心理学和应用心理学的奠基人，被誉为"实验社会心理学之父"。他的"场域理论"认为，个体行为就像漂浮在海面上的小船，时刻受到团体环境浪潮的冲击。以这个理论为基础，在校园心理情景剧的舞台上，"团体雕塑""论坛剧场"等技术化身"魔法显微镜"，将同伴压力、校园欺凌等抽象的社会议题，变成触手可及的可视化场景。

"解冻—改变—再冻结"是心理干预与团体成长的经典三步法，如图1-4所示。

图1-4 心理干预与团体成长"三步法"

（1）"解冻"旨在打破成员原有的思维定式与行为惯性，通过情境引导、问题剖析等方式，让大家意识到现状不足，激发改变意愿。

（2）"改变"阶段鼓励成员尝试新行为、新思维，借助角色扮演、互动讨论等方式探索更健康的应对模式。

（3）"再冻结"则通过强化正向反馈，将新习得的行为与认知固化，防止旧态复萌，最终实现长效心理成长。

在以网络成瘾为主题的《沉迷》剧中，学生通过"团体雕塑"将沉迷网络的状态具象化：有人被虚拟世界的锁链束缚；有人在现实与网络的夹缝中挣扎。这种视觉冲击打破了固有的认知模式，如同打破冰层，为改变创造了可能。

2. 力场分析法：让决策不再纠结

力场分析法是由库尔特·勒温提出的一种用于分析组织变革过程中各种力量的方法。在生涯规划主题剧《爱的抉择》中，学生用戏剧冲突生动展现出职业选择时的"制约力"与"驱动力"：是选择稳定但不喜欢的工作，还是追逐充满风险的梦想？舞台上的激烈碰撞，让学生的决策清晰度大幅提升，帮助他们在人生岔路口做出更理性的选择。

3. 社会学习理论：点亮成长之路的"启明灯"

班杜拉的社会学习理论告诉我们，榜样的力量就像黑夜里的启明灯。在心理情景剧中，那些从网瘾少年逆袭成自律达人的角色，或是从自卑内向变得自信开朗的人物，都成为学生模仿学习的鲜活样本。当学生看到舞台上的角色如何一步步战胜困难，就像提前观看了一部"人生攻略片"，在潜移默化中获得改变的勇气和动力，朝着更好的自己不断迈进。

四、教育戏剧：点燃认知升级的戏剧引擎

教育戏剧就像为心理情景剧安装了一台"认知升级发动机"，将戏剧艺术与教育智慧深度融合，让青少年在舞台实践中实现思维跃迁与心灵成长。两大核心理论的巧妙运用，赋予了心理情景剧独特的教育生命力。

1. 过程戏剧：在角色扮演中重构认知版图

多萝西·希思考特（Dorothy Heathcote）是英国著名的教育戏剧先驱，被誉为"教育戏剧的奠基人"，其"过程戏剧"理论为心理情景剧注入了灵魂。

他认为戏剧不是表演的终点，而是认知探索的起点。在《爱的抉择》的剧本创作工作坊中，学生通过即兴扮演电竞选手等角色，意外发现这些被家长贴上"不务正业"标签的职业，背后竟蕴含着专业技能与创新思维。有的学生感慨："原来电竞选手需要超强的反应速度和团队协作能力！"

这种通过角色体验带来的认知颠覆，正是班杜拉社会学习理论中"替代性强化"的生动实践。当学生在戏剧中体验不同职业的酸甜苦辣，就像打开了一扇新世界的大门，不仅拓宽了职业认知，更打破了固有思维定式，为未来的生涯规划埋下希望的种子。

2. 建构主义框架：搭建成长的"思维脚手架"

维果茨基是苏联心理学家、社会文化历史学派创始人，其"最近发展区"理论强调：个体发展的潜力存在于"现有能力"与"潜在能力"的差距中，而社会互动和成人引导是跨越这一差距的关键。这一理论在心理情景剧中化身"成长脚手架"，助力学生实现认知突破。

支架式教学，教师化身"戏剧导演"，通过精心设计的提问和引导，为学生搭建思考的阶梯。在创作"校园欺凌"主题剧时，教师适时抛出问题"如果你是旁观者，怎样做既能保护自己，又能帮助他人？"数据显示，这种引导方式可使学生解决问题的效率提升。

文化工具中介，"思维泡泡""心声独白"等戏剧技巧成为学生表达内心想法的有力工具。在探讨"青春期烦恼"的剧目中，学生用"思维泡泡"展现角色的内心纠结，将抽象的情绪转化为可视化表达，使观众更容易产生共鸣。

教育戏剧的巧妙运用，让心理情景剧不再是简单的舞台表演，而是成为促进青少年认知发展、思维成长的"智慧课堂"。在戏剧与教育的双重滋养下，学生在舞台上收获的不仅是表演经验，更是终身受益的思维能力与成长智慧。

五、青少年发展的心理学依据：理论视角下的成长图谱

青少年时期是人生的"拔节孕穗期"，埃里克森（E. H. Erikson）、皮亚杰（Jean Piaget）、鲍尔比（John Bowlby）等心理学家的经典理论，为理解这一阶段的心理特征提供了精准的"导航图"，也为心理情景剧的创作提供了科学指引。

1. 埃里克森的人生八阶段理论

寻找自我的戏剧之旅。埃里克森提出，12～18 岁的青少年核心任务是建立自我同一性。心理情景剧中，"我是谁？""我要成为什么样的人？"这类灵魂拷问常常化作扣人心弦的剧情。在《我不是小透明》剧中，主角戴着不同面具探索多重身份，正是对自我同一性的戏剧化追寻；而在《爱的抉择》剧中，主角在梦想与职业生涯

间的纠结，折射出学生对职业生涯选择的困境。当这些抽象的心理任务被搬上舞台，青少年能在观剧、演剧过程中，更清晰地看到自己的成长轨迹，找到属于自己的答案。

2. 皮亚杰的认知发展理论

具象化思维的戏剧魔法。皮亚杰指出，11 岁以上的青少年虽已具备抽象思维，但仍需具体载体辅助思考。心理情景剧巧妙运用这一原理，将抽象概念"打包"成生动的戏剧形象。比如，在《沉迷》剧中，"手机成瘾怪兽"张牙舞爪地缠绕主角，将无形的行为依赖变成了可对抗的实体；在《破茧》剧中，用"压力巨人"象征学业负担，让学生在与"巨人"的斗争中，找到应对压力的方法。这种将抽象问题具象化的处理方式，既符合青少年的认知特点，又让心理教育变得通俗易懂、趣味十足。

3. 鲍尔比的依恋理论

修复关系的戏剧疗愈依恋理论揭示了亲子关系对青少年心理发展的深远影响。在《我要我的星期天》剧中，主角与父母的矛盾不断升级，通过"亲子角色互换"这一戏剧设计，孩子穿上父母的"角色外衣"，体验到父母的辛苦与无奈；父母也站在孩子的视角，看到了被忽视的情感需求。这种"角色代入"打破了沟通壁垒，让理解与和解在戏剧冲突中萌芽。研究表明，通过这类家庭主题剧的演绎，许多学生改善了亲子关系，重新建立起安全的依恋模式，戏剧的疗愈力量在家庭关系修复中充分彰显。

这些心理学理论与戏剧艺术深度融合，让心理情景剧成为青少年成长路上的"心灵导航仪"，在欢笑与泪水中，指引着他们穿越成长的迷雾，拥抱更好的自己。

第三节　心理情景剧的辅导和教育功能

心理情景剧不仅是舞台上的精彩演出，更是一座功能强大的"心灵成长空间站"。它以戏剧为载体，既承载着心理辅导的专业力量，又发挥着教育育人的多元功能，还在跨学科融合中不断拓展创新边界，为青少年的身心健康发展提供全方位支持。

一、心理辅导功能的三重维度

1. 诊断性功能：看见未被言说的痛苦

心理情景剧就像一台精密的"心灵扫描仪"，能捕捉到那些未被言说的痛苦。在创编剧本时，一名初中生无意识地将自己设定为"永远被忽视的配角"，敏锐的辅导教师由此发现了他潜在的社交回避倾向。此外，借助"角色重要性评分表"等量化工具，通过学生对剧中角色的重要性排序，能精准评估其自我价值感水平。

在三级预防体系中，心理情景剧扮演着不可或缺的角色，如表 1-3 所示。在初级预防层面，全员参与的《情绪气象站》帮助学生提升情绪识别能力；在二级干预阶段，面对发展性问题，《破茧》助力学生化解学业压力；在三级治疗阶段，它配合咨询师开展创伤后成长剧，辅助心理疾病康复。正如 NASP 的分级干预框架所示，心理情景剧从团体到个体，全方位守护青少年心理健康。

表 1-3　心理情景剧的三级预防体系

干预层级	目标	心理剧应用案例
初级预防	促进全员心理健康	《情绪气象站》提升情绪识别能力
二级干预	化解发展性问题	《破茧》处理学业压力
三级治疗	辅助心理疾病康复	配合咨询师创作创伤后成长剧

2. 发展性功能：培育心理韧性

心理情景剧为青少年打造了一个安全的"压力模拟舱"。在这里，考试失利、同伴排斥等高压情境被一一重现，学生通过反复预演，不断摸索应对策略，就像在游戏中升级打怪一样，逐步提升心理韧性，为现实生活做好准备。

3. 疗愈性功能：创伤的象征性处理

对于经历重大创伤的青少年，心理情景剧采用"替身技术""空椅子技术"等温和方式，进行象征性处理，避免造成二次伤害。不过，在运用这些技术时，必须严守"不强迫暴露""不越界解读"的伦理底线，必要时与专业心理咨询师紧密合作，确保疗愈过程安全有效。

二、教育功能的实现路径

1. 自我概念重构：遇见更好的自己

通过角色扮演和情境再现，青少年能够在安全的环境中尝试不同的角色和行为，从而更好地认识自己的兴趣、能力和价值观，形成积极的自我评价。

2. 情绪调节能力培养：做情绪的小主人

剧本中的情绪管理场景可以帮助青少年识别和理解自己的情绪，并学习有效的情绪调节技巧，如深呼吸、冥想等，增强情绪管理能力。

3. 社会技能习得：成为社交小达人

通过角色互动和团队合作，青少年可以练习沟通、合作和解决冲突的技能，提升社会适应能力，促进社会技能的发展。

4. 价值观澄清：在思辨中塑造品格

通过道德两难情境和角色讨论，青少年可以在思考和辩论中澄清自己的价值观，形成正确的道德判断和行为准则。

5. 促进创伤后成长：从伤痛中开出花朵

通过象征性处理创伤经历，青少年可以在安全的环境中处理负面情绪，促进心理恢复和成长，增强心理韧性。

6. 生态系统优化：构建温暖的成长环境

通过家校合作和社会资源的整合，构建支持性的成长环境，促进青少年在家庭、学校和社会中的全面发展，形成良好的生态系统。

三、跨学科整合的创新空间

1. 与学科教学的融合：让学习妙趣横生

在语文课上，我们可以将《孔乙己》改编为现代校园欺凌主题剧，探讨尊严与偏见，或是用《范进中举》探讨成就焦虑；在历史课上，可以通过角色扮演解构历史人物的决策心理；生物课则用心理剧呈现神经元信号传递过程，帮助理解压力生理机制。

2. 与生涯教育的衔接：点亮未来之路

在生涯规划剧中设置"未来自我对话"环节，我们可以让学生与十年后的自己互动，增强生涯决策效能感，帮助他们更好地规划未来。

3. 环境创设：让戏剧融入日常

在校园走廊设置"心理剧互动角"，学生可以用便签续写开放式剧情，随时随地参与戏剧创作中，让心理教育融入校园生活。

4. 数字延伸：开启沉浸式体验

我们可以将经典剧目制作成 VR 体验资源，神经反馈仪数据显示，沉浸式体验可使共情指数提升 70%。科技与戏剧的结合，为心理情景剧带来全新的发展可能。

四、疗效因子的实证研究

基于欧文·亚隆（Irvin Yalom）的团体治疗理论，心理情景剧蕴含着强大的疗效因子，这些因子如同"魔法药剂"，悄然治愈着青少年的心灵，疗效因子种类如表 1-4 所示。

1."普遍性"因子打破了孤独的幻觉

当学生在剧中看到与自己相似的经历时，会产生"原来不只有我这样"的团体共鸣，这种共鸣让他们感受到自己并不孤单，从而获得心理上的慰藉。在关于考试焦虑的剧目中，许多学生观演后表示："看到主角的挣扎，我觉得自己的焦虑也被理解了。"

2."希望重塑"因子通过榜样的力量点燃希望

当学生看到舞台上优秀毕业生从迷茫走向逆袭时，会相信自己也有改变的可能。

某所学校排演的《逆袭之路》，讲述了一位曾经成绩落后的学生如何通过努力考上理想大学，演出结束后，不少学生受到鼓舞，主动制订了学习计划。

3."情感宣泄"因子为学生提供了安全释放压力的出口

在愤怒管理主题剧中，专门设计的"情绪爆破"环节，让学生通过戏剧化的表演，将内心积压的愤怒情绪尽情释放。有的学生分享道："演完那场戏，感觉心里的大石头终于落地了。"

4."存在意识"因子引发生命的深度思考

生死主题剧通过探讨生命的意义和价值，促使学生澄清自己的价值观。在一场关于"生命教育"的心理剧后，学生们围绕"如何让生命更有意义"展开讨论，许多人对自己的人生有了新的感悟。

表 1-4 心理情景剧的疗效因子种类

因子	作用机制	典型案例
普遍性	打破孤独幻觉	"原来不只我这样"的团体共鸣
希望重塑	观察榜样改变	观演优秀毕业生逆袭剧
情感宣泄	安全释放压力	愤怒管理剧中的"情绪爆破"环节
存在意识	引发生命思考	生死主题剧促进价值观澄清

北京师范大学研究团队从神经科学的角度揭示了心理情景剧的神奇效果。团队研究发现，当学生参与心理剧创作时，前额叶皮层与边缘系统的功能连接显著增强。前额叶皮层负责认知调控，边缘系统则与情绪处理密切相关，这种神经耦合现象正是认知与情绪实现整合的生理标志。这意味着，心理情景剧不仅能帮助学生释放情绪，还能从生理层面促进他们的心理健康，让他们在戏剧体验中实现真正的心灵成长。

第二章
从成长烦恼到触动心灵
—— 青少年心理情景剧的核心主题与创作逻辑

青少年的内心有什么烦恼？青春期的孩子会有哪些心理变化？本章从青少年的心理发展规律出发，全面分析青少年成长面临的八大心理议题，并手把手教你如何把这些"成长小烦恼"变成有趣又暖心的心理情景剧主题。

第一节　读懂青少年心理特征与发展规律

一、四大特征护航青少年身份认知

青少年时期通常是指一个人处于12~18岁的年龄阶段，这也是人生最精彩的特别篇章——充满着未知与惊喜。在这段时间里，青少年的身体像按了加速键，身高猛蹿，男生嗓音变调，女生月经来潮；与此同时，他们的大脑在悄悄"升级系统"，内心开始渴望独立，却又充满矛盾。他们一边努力挣脱束缚寻找自我，一边在社交中迫切渴望得到归属感。这些剧烈的心理变化，藏着无数扣人心弦的故事线索，可以说，只有读懂了青少年这些心理特征，才能拿到剧本创作宝藏库的钥匙。

在青少年成长的过程中，其心理发展具有以下特征，如图2-1所示。

（1）过渡性，青少年从生理和心理的不成熟逐渐走向成熟，需要经历认知、情感和行为等多个方面的转变。

（2）动荡性，由于生理和心理的快速发展，青少年时期常常伴随着情绪波动、自我认同危机等问题。

（3）探索性，青少年开始积极探索自我、世界和未来，并逐渐形成自己的价值观和人生观。

（4）社会性，青少年逐渐从家庭中心转向同伴群体，社交范围不断扩大，社交复杂性显著增加。

皮亚杰的认知发展理论告诉我们，此时青少年开始进入形式运算阶段，他们能够进行抽象思维和假设推理。科尔伯格（Lawrence Kohlberg）的道德发展理论也指出，青少年开始形成更加成熟的道德判断能力。然而，由于大脑前额叶皮质尚未完全发育，在决策能力和冲动控制方面，青少年往往存在不足。比如，他们在做某件事情时会非常冲动，控制不住自己，但事后又疯狂后悔。

埃里克森的心理社会发展理论对青少年阶段的描述尤为贴切，他认为，12~18岁是"自我认同与角色混乱"的关键时期。青少年常常纠结"我是谁"这个问题，

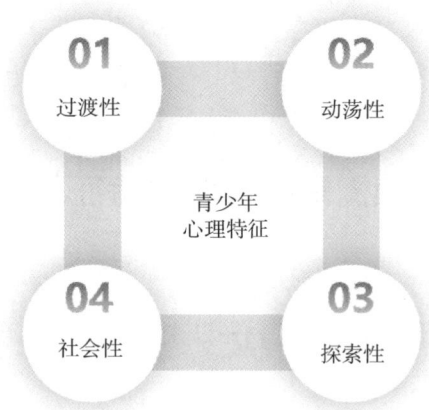

图 2-1　青少年心理特征

包括对自己的身份、价值观和未来方向的探索。这一阶段的发展任务是：形成稳定而健康的自我认同，为成年生活奠定基础。

二、青少年心理发展的阶段划分

为了更加清晰准确地理解青少年心理发展的脉络，我们可以将这一成长历程划分为三个阶段，如图 2-2 所示。每个阶段都要面对不同的发展特征与核心挑战，而这些正是我们设计剧情的重要参考。

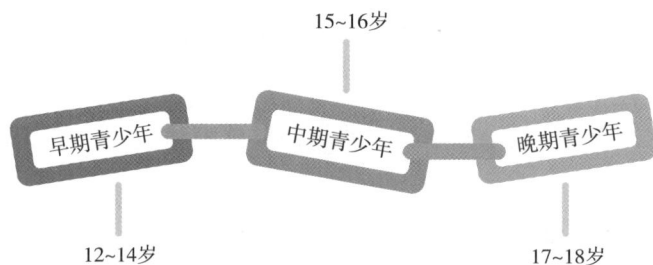

图 2-2　青少年成长阶段

（1）早期青少年期（12~14 岁）。这个时期青少年生理变化最为明显，第二性征迅速发育；认知能力快速发展，抽象思维开始形成；情感上容易出现波动，自我意识增强；社交中心开始从家庭转向同伴群体。

（2）中期青少年期（15~16 岁）。这个时期青少年生理发育趋于稳定，性别特征更加明显；认知能力进一步发展，形成更系统的逻辑思维；情感逐渐稳定，但对异性的好感和恋爱开始出现；同伴群体的影响达到高峰，朋辈压力显著。

（3）晚期青少年期（17~18 岁）。这个时期青少年生理发育基本完成，接近成人水平；认知能力趋于成熟，抽象思维和批判性思维能力增强；情感趋于稳定，形成较为稳定的个性特征；开始为未来做准备，关注职业规划和独立生活。

青少年的成长阶段恰好是孩子们处于初中和高中时期，这段时期的成长就像玩游戏中的升级打怪，每个阶段都藏着专属的"关卡任务"和"隐藏 BOSS"。初中阶段忙着适应身份转变、建立社交圈，高中时期又要直面学业压力、探索未来方向。这些心理发展的关键课题，直接影响着青少年的成长轨迹。

因此，在创作心理情景剧时，我们要做的就是给不同关卡设计专属攻略，紧扣每个阶段的特点，把剧本写成能"对症"的成长指南，这样的剧本才更具针对性和实效性。

三、青少年心理发展的主要任务

埃里克森的理论告诉我们：青少年时期的主要发展任务是建立自我认同。具体来说，这一阶段的青少年需要完成以下几个方面的任务。

（1）自我认识，通过自我反思和与他人的互动，认识自己的兴趣、能力、价值观和信念。

（2）身份形成，在探索各种可能的身份后，形成稳定而独特的自我身份。

（3）角色认同，通过与不同群体的互动，形成对自身社会角色的认识和认同。

（4）未来规划，对未来的教育、职业和生活方式做出初步规划。

（5）情感管理，学会识别、理解和管理自己的情绪，建立健康的情感表达方式。

（6）人际交往，发展和维护健康的人际关系，学会解决冲突和处理人际矛盾。

（7）道德发展，形成稳定的道德价值观和规范的行为准则。

（8）独立性发展，从对父母的依赖中逐渐独立，形成自主决策能力。

青少年的心理成长就像拼一幅超大型拼图，每个阶段的挑战和任务都是关键碎片，拼在一起才是完整的青春模样！我们创作心理情景剧时，就像拿着这些碎片讲故事，这样青少年在观看、表演和参与的过程中，才能产生更多共鸣，真正从故事里找到应对挑战的灵感和力量。

第二节　解锁青少年心理发展的八个关键议题

青少年时期的成长与发展如同一艘巨轮航行在波涛汹涌的大海，充满未知与挑战。这一阶段的心理发展尤为关键，而以下八大关键心理议题正是青少年在成长航程中常遇的"暗礁"，也是我们在创编心理情景剧时的重要灵感源泉。这些议题相互交织，共同影响着青少年的心理健康与成长轨迹。

一、八个关键议题带青少年告别迷茫

"请你听听我的真心话，你每天看着我长大，但你是否了解我内心矛盾的对话，你板着脸孔不屑地对着我看，我的视线没有勇气……"这是歌曲《我想更懂你》中的歌词，反映的就是青春期男孩与母亲之间的关系。

很多青春期的孩子认为自己不被父母、老师理解，而事实上我们成年人的确会忽视青春期孩子的内心。那么，如何读懂青少年的内心世界呢？这八个关键心理议题必须关注，如图 2-3 所示。

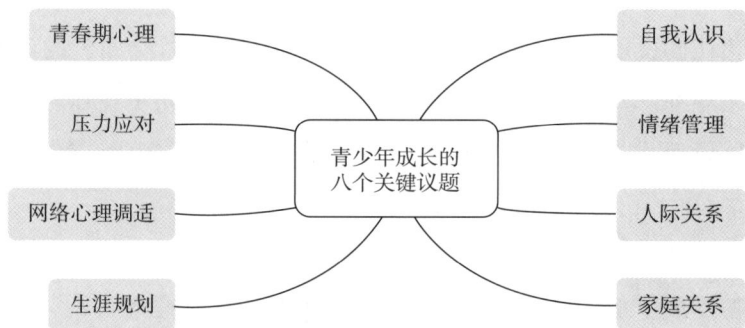

图 2-3　青少年成长的八个关键议题

（1）自我认识，如何认识自己的兴趣、能力、价值观和信念。

（2）情绪管理，如何有效识别、理解和管理自己的情绪。

（3）人际关系，如何与同伴、家人和老师建立和维护健康的人际关系。

（4）家庭关系，如何处理与父母及其他家庭成员的关系。

（5）青春期心理，如何应对青春期带来的身体和心理变化。

（6）压力应对，如何有效应对学业压力、社交压力和其他生活压力。

（7）网络心理调适，如何在数字时代保持心理健康，合理使用网络和社交媒体。

（8）生涯规划，如何进行教育和职业规划，为未来做好准备。

二、议题不同，剧情主题不同

青少年成长的每个议题都是一道独特的关卡。面对交友矛盾、学业压力或是自我认同困惑，心理情景剧也要随之改变。聊友谊冲突，剧情就演校园小团体的摩擦；讲自我探索，故事聚焦主角寻找梦想的冒险。议题变了，剧情也要跟着切换"皮肤"，用非常贴近青少年日常生活的故事来丰富剧情，这样才能让孩子们从中受到启发。

1. 自我认知：寻找"我是谁"的答案

青少年这一发展议题的核心问题是身份认同危机，他们缺乏自我认知，对于"我是谁"这个问题很迷茫、困惑。在日常生活中盲目追随他人，缺乏个人目标和方向。甚至有人跟风网红穿搭、追星；有人对未来一片迷茫，连"明天吃什么"都拿不定主意，甚至用叛逆行为试探世界。

但是，别慌张。心理情景剧就像为青少年量身定制的"寻宝地图"，在这里可以打造一个超安全的试错空间。通过角色扮演，他们可以大胆体验不同身份：试试当一天班长管理班级，或是模拟创业失败场景。在沉浸式剧情里，兴趣、能力和价值观会慢慢浮出水面，帮助青少年甩掉迷茫，自信喊出"这就是我！"。

2. 情绪风暴：驯服内心的"小怪兽"

青少年的情绪就像坐过山车，说翻脸就翻脸。这正是这一议题面临的核心问题：情绪波动大，缺乏有效的情绪调节能力。

很多青少年都在经历着"情绪风暴"，这是因为他们大脑里负责冷静的区域还没发育完全，所以特别容易被情绪"小怪兽"控制，一点小事就能点燃怒火，或是突然陷入焦虑、抑郁，情绪说来就来很容易控制不住。

如何驯服这些"小怪兽"呢？心理情景剧就是超实用的训练场。我们在设计剧本时，可以融入各种情绪场景，比如和朋友吵架、考试失利，让青少年在角色扮演里沉浸式体验喜怒哀乐。在表演的过程中就会发现：原来可以用语言说出委屈，而不是闷头生气；学会通过深呼吸、跑步发泄，瞬间赶走坏情绪。当然，他们也会明白：在崩溃时，大胆向家人、朋友求助不丢人。在戏里积累的这些小妙招，都能帮青少年稳稳拿捏自己的情绪。

3. 社交迷局：搭建心灵的"友谊桥梁"

青少年想交朋友却屡屡受挫，这就是让人头疼的"社交迷局"。进入青少年时期后，孩子的社交圈突然变大，不少学生因为社交技能不足，难以建立和维护健康的人际关系。他们要么独来独往像座孤岛，要么一开口就引发矛盾，明明想和大家处好关系，却总是好心办坏事。

不要紧，心理情景剧就是超好用的"社交模拟器"。剧本会把校园生活里的各种社交难题都搬上舞台——小组作业意见不合、被朋友误会、如何融入新集体……通过角色扮演，青少年能沉浸式学习沟通技巧：原来认真倾听比急着反驳更管用，用"我希望"代替指责更容易被接受；还能站在对方角度感受情绪，轻松化解矛盾。演完一场剧，就像通关社交副本，以后交朋友再也不怕"翻车"了。

4. 家庭羁绊：跨越代际的"沟通鸿沟"

为什么青少年和爸妈聊天经常开启"吵架模式"？这一关键议题的核心问题在于代际冲突，也是常见的"家庭羁绊"。两代人观念不同，审美、消费、学习态度全是分歧点，稍不注意就会触发叛逆模式，把关心当作唠叨，越吵越疏远，明明相爱却总互相"伤害"。

心理情景剧就像家庭关系的"翻译器"。我们设计剧本时，可以还原催写作业、穿搭争议等真实场景，让青少年换个身份演父母，他们可能瞬间就明白那些"管太多"的背后是担心，"不耐烦"里藏着委屈。在角色扮演中，能学到用"非暴力沟通"表达方法，比如"我知道你为我好，但我希望……"；也能站在对方视角，理解彼此的不容易。一场剧演下来，代际鸿沟悄悄被架起沟通的桥梁，亲子关系自然甜甜蜜蜜。

5. 青春蜕变：接纳成长的"奇妙变形记"

青少年的身体会在12~13岁开始突然"大变样"：痘痘冒出来、声音变粗……这在老师和家长眼中是再正常不过的事情，却让不少孩子陷入"性心理困惑"的漩涡。面对这些变化，羞耻、焦虑说来就来，甚至因为不好意思闹出奇怪举动，比如总躲着换衣服、不敢和异性说话等。

心理情景剧就是超贴心的"青春期指南"。我们在设计剧本时，可以把长喉结、来月经这些真实经历搬上舞台，用轻松有趣的方式科普生理知识，让青少年知道这些变化很正常，每个人都会经历。在角色扮演中，他们能大大方方接纳自己的身体变化，用幽默化解尴尬；掌握和异性相处的正确方式，学会保护自己不踩雷。演完一场剧，瞬间和身体变化和解，自信拥抱青春期。

6. 压力围城：突破困境的"抗压盾牌"

作业堆成山、考试周崩溃、社交小摩擦……这就是这一关键议题中青少年面对的核心问题：压力大，常常感觉无法摆脱困境。青少年的压力就像"叠叠乐"，稍不留神就全线崩塌。不少同学被压得喘不过气，甚至用逃学、伤害自己发泄情绪，陷入抑郁的泥沼。

心理情景剧就是解压"神器"。剧本模拟考试失利、被孤立等真实场景，让青少年在角色扮演中直面压力。原来通过制定计划表、番茄工作法，能把任务化整为零；掌握深呼吸、冥想等放松技巧，焦虑瞬间消失；更重要的是，学会在撑不住时向老师、家人求助，而不是独自硬扛。

7. 网络漩涡：平衡虚拟与现实的"魔法天平"

手机一刷就停不下来？游戏打到忘记时间？不少青少年正陷入"网络漩涡"。刷短视频停不下来、沉迷游戏、轻信网络谣言，甚至卷入网络暴力，分不清虚拟和现实的边界。这正是"网络漩涡"带给青少年的核心问题。

心理情景剧就是超实用的"网络防坑指南"。我们通过在剧本中融入熬夜追剧、网络诈骗、游戏成瘾等真实场景，让你在角色扮演中认清网络利弊。原来设置手机使用时间提醒，能轻松摆脱网络沉迷；学会辨别钓鱼链接、不随意泄露隐私，这样就能避开网络陷阱；通过角色扮演，青少年还能明白，比起虚拟世界里的狂欢，现实中的拥抱和面对面聊天，才是真正的快乐源泉。

8. 未来迷雾：绘制人生的"导航地图"

"写作业真没劲。未来做什么，没有方向……"这正是很多青少年在"未来迷雾"这个关键议题中面临的核心问题，他们中的很多人上课走神、对未来职业毫无头绪，连每天的生活都像开盲盒，毫无规划。

心理情景剧就是超好用的"人生导航仪"。剧本模拟选科纠结、职业体验日等场景，让青少年在角色扮演中解锁兴趣和能力。原来通过尝试不同社团、体验兼职，能发现自己的热爱；用"SMART 原则"拆解目标，再遥远的梦想也能变成一步步可执行的计划。演完一场剧，不仅能找到自己努力的方向，还能把"躺平摆烂"换成"冲鸭"模式，朝着目标大步迈进。

第三节　心理议题转化为剧本主题的情景剧创作指南

心理情景剧犹如一把能打开青少年内心秘境的鎏金钥匙，将抽象的成长困惑、情绪风暴等心理议题，转化为既扎根校园课堂、家庭餐桌等现实土壤，又涌动着误会和解、梦想碰撞等戏剧张力的生动剧本主题。这一转化过程既要扎根现实，又要充满戏剧张力，更要实现教育意义。本节将从贴合青少年认知的创作原则、虚实交织的转化技巧等维度，开启一场用故事治愈心灵的奇妙旅程。

一、领航创作航程的五大黄金原则

心理议题向剧本主题的转化，恰似一场充满挑战的创意冒险，需牢牢把握五大黄金原则，如表 2-1 所示。它们宛如迷雾中的北斗星、暗夜中的灯塔，不仅为创作之路指明方向，更赋予剧本直击心灵的生命力与感染力。

表 2-1　心理议题转化的五大黄金原则

原则	核心要点	作用体现
贴近生活原则	以校园、家庭、网络等真实场景为蓝本，还原青少年日常经历	让观众产生"这就是我的故事"的共鸣，增强代入感
戏剧化原则	将心理矛盾转化为激烈的冲突、曲折的情节，如设置误会、两难抉择等戏剧冲突点	抓住观众眼球，让教育意义在精彩剧情中自然渗透
教育性原则	明确剧本传递的心理知识与成长启发，如学会沟通技巧、掌握情绪调节方法	让观众在观剧后获得可实践的心理成长指南
专业性原则	依据心理学理论设计剧情，如运用"自我同一性"理论呈现角色自我认知过程	确保剧本内容科学严谨，避免误导观众
可参与性原则	设计互动环节，如现场观众投票决定剧情走向、角色扮演体验活动	提升观众主动性，深化心理教育效果

二、玩转心理议题转化的实用秘籍

掌握五大原则后，通过以下八种方法与技巧，能让心理议题顺利"变身"为引人入胜的剧本主题。

1. 主题选择：锁定心灵共鸣点

方法：根据剧本的教育目标和观众特点选择合适的主题，确保主题的适宜性和有效性。

技巧：选择与青少年生活紧密相关的主题，确保主题具有普遍性和代表性。例如，对于"自我认识"这一主题，可以设计一个青少年在面临职业选择时的困惑和探索的情节，通过角色扮演帮助青少年认识自己的兴趣和能力。

2. 角色设计：打造鲜活人物图鉴

方法：设计能够代表不同观点和行为模式的角色，通过角色的互动展现主题的多面性。

技巧：角色设计应具有代表性，能够引起观众的共鸣。例如，对于"家庭关系"这一主题，可以设计一个叛逆的青少年角色、一个严厉的父母角色和一个具有支持性的朋友角色，通过他们的互动展现家庭关系中的冲突和理解。

3. 情节构建：编织故事吸引力磁场

方法：围绕主题构建合理的情节，设置能够引发考的戏剧冲突和高潮的环节。

技巧：情节应具有连贯性和逻辑性，能够引导观众逐步深入理解主题。例如，对于"情绪管理"这一主题，可以设计一个青少年因考试失败而感到沮丧，然后通过与朋友的交流和老师的指导，学会管理和表达情绪的情节。

4. 冲突设置：点燃剧情爆点

方法：设计能够反映现实问题的冲突，并展示冲突的多种解决方式。

技巧：冲突应具有真实性和紧迫性，能够引发观众的情感共鸣。例如，对于"人际交往"这一主题，可以设计一个青少年因误解而与朋友发生冲突，然后通过沟通和理解，最终和解的情节。

5. 解决方案：提供成长工具箱

方法：提供合理、可行的解决方案，避免简单的"大团圆"结局。

技巧：解决方案应具有实用性和可操作性，能够为观众提供具体的指导。例如，对于"压力应对"这一主题，可以设计一个青少年通过学习时间管理和放松技巧，成功应对学业压力的情节，并在剧本中详细展示这些技巧的具体应用。

6. 反思环节：开启心灵对话

方法：设置反思或讨论环节，引导观众深入思考剧本的主题和意义。

技巧：反思环节应具有开放性和启发性，能够引导观众进行深入的思考。例如，在"生涯规划"这一主题的剧本结束后，可以设置一个讨论环节，让观众思考自己的兴趣和能力，以及如何为未来做准备。

7. 互动设计：激发观众参与热情

方法：设计观众参与的环节，增强教育效果。

技巧：互动设计应具有趣味性和参与性，能够吸引观众的注意力。例如，在"网络心理调适"这一主题的剧本中，可以设计一个互动环节，让观众分享自己在使用网络时的经历和感受，然后引导他们讨论如何合理使用网络和保护自己的隐私。

8. 效果评估：检验教育成效

方法：考虑如何评估剧本的教育效果，确保达到预期目标。

技巧：效果评估应具有科学性和系统性，能够全面评估剧本的教育效果。例如，可以通过问卷调查、小组讨论等方式，评估观众在观看剧本后的心理变化和行为改变。

青少年心理情景剧的创编需要以青少年的心理发展规律和实际需求为基础，选择具有普遍性和针对性的主题。通过科学的创编方法，将这些主题转化为生动、有教育意义的剧本，可以帮助青少年在观看和参与过程中获得心理成长和健康发展。

本章为后续章节的八大原创剧本提供了理论和创编指导，希望对心理情景剧的创作者和教育工作者有所帮助。通过理论与实践的结合，我们可以创编出既深刻又好看、兼具疗愈和教育意义的心理情景剧，为青少年的心理健康教育和心理成长提供有力支持。

第三章
如何讲好一个心灵故事
——青少年心理情景剧的创编原理

在创作青少年心理情景剧时，如何讲好一个心灵故事是作品成功的关键，它关乎能否有效传递情感、引发共鸣，以及实现心理教育的目的。这一过程涉及多个关键环节，从编剧方法的运用，到专业性的体现，再到舞台外化技术的呈现，每一步都至关重要。本章我们会具体探讨这些内容。

第一节　心理故事的编剧方法

一部优秀的心理情景剧剧本，离不开扎实的编剧功底。编剧方法作为创作的基石，涵盖了明确故事核心、搭建故事结构、塑造鲜活角色以及设计精彩对话等要素。这些要素相互关联、相互影响，共同构建起一个引人入胜的故事框架。

一、明确故事核心

在创作心理情景剧剧本的过程中，首先要明确故事核心。故事核心就像是航海时用的指南针，为整个创作过程指明方向。青少年时期充满了未知与挑战，他们在这个阶段经历着独特心理变化，同时也面临着各类心理问题。这些真实的经历和矛盾的纠缠，都是心理情景剧丰富且极具深度的素材。

而心理情景剧的故事核心，一定要紧紧围绕青少年特定成长阶段的心理问题或心理成长历程来确立。例如，聚焦青少年在学业压力下的迷茫与突破、青春期情感困惑，或是青少年自我认同等，围绕这些主题都能创作出富有深度的故事，主要体现在以下三个方面。

1. 学业压力下的迷茫与突破

在当下教育环境中，众多青少年被繁重的课业、激烈的竞争压得喘不过气。当努力与收获不成正比时，他们极易陷入迷茫，对自身能力产生怀疑。如果以这样的背景创作故事，主角就可以设定为一个努力学习，却始终无法取得理想成绩的学生。

我们来进一步具体化这个故事的核心：主角每一次考试失利，都使他陷入自我否定的漩涡，疑惑自身努力的意义，内心被焦虑与迷茫充斥。一次偶然机会，他接触到全新的学习方法。起初，他对新方法心存疑虑，在老师耐心指导和同学热心帮助下，才开始尝试运用。随着不断实践，他逐渐找到了学习节奏，成绩稳步提升。从最初对新方法的半信半疑，到看到进步后的欣喜，再到最后自信地面对学习，他的心理变化丰富而真实。最终，主角实现了从迷茫到突破的蜕变。整个故事围绕

"学业压力的迷茫与突破"这一核心展开，让观众深刻体会到青少年在学业压力下的内心世界与成长过程。

2. 青春期情感困惑

到了青春期，孩子身体里像突然住进了小马达，心里也开始对异性产生好奇和好感，这些小心思像野草一样疯长。可问题来了，第一次面对这些懵懵懂懂的情感，既没有"操作指南"，也不知道怎么跟大人开口问。是该把这份喜欢藏在心底？还是大胆表达？万一被拒绝怎么办？这些纠结又甜蜜的烦恼，成了青春期最让人挠头的"情感谜题"。而我们完全可以把这些现象融入心理情景剧中。

3. 青少年自我认同

自我认同是青少年成长过程中至关重要的课题，在这个阶段，很多孩子都在心里反复琢磨："我到底是个怎样的人？我在这个世界上，又该站在哪里发光呢？"带着这些超真实的迷茫，不妨来创作一个能让所有人都产生共鸣的故事：主角转学后，新学校的同学们多才多艺，且社交生活丰富。主角的性格内向，在新的环境里，他常常觉得自己"与众不同"，进而产生自我怀疑。看到同学们在各种活动中自信闪耀，他觉得自己格格不入，甚至开始讨厌自己的性格。直到学校举办绘画比赛，一开始他也只是默默观望，内心既渴望展示自己，又害怕失败被嘲笑。在老师的鼓励下，他才鼓起勇气报名参加。凭借自己扎实的绘画功底，他的作品获得了大家的认可。从最初得知获奖时的难以置信，到之后在同学们的赞扬声中逐渐找回自信，他开始重新审视自己，发现自身价值，逐渐接纳自己。整个故事的情节，从转学后的不适应、自我怀疑，到因比赛获得认可，再到最终实现自我接纳，都紧紧围绕"自我认同"这一核心，使故事主题鲜明，情节真实且富有逻辑性。通过上述三个示例我们不难看出，明确故事核心意义非凡。

就创作层面而言，它为编剧勾勒出清晰的创作蓝图，助力编剧有条不紊地搭建情节架构、雕琢角色形象。剧本里所有的情节编排、角色言行，均围绕核心铺展开来，使整部剧本逻辑缜密、浑然天成。

从观众视角出发，明确的故事核心能够让观众迅速洞悉故事主旨，进而引发强烈的情感共鸣。观众能在故事角色身上找寻自己或身边人的踪迹，由此更深入地思索相关心理问题。比如在学业压力题材的故事中，有相似经历的观众会感同身受，从中获取启发与鼓舞；在自我认同主题的故事里，使正探索自我的青少年能够产生共鸣，收获心理上的慰藉与成长。

反之，若故事核心不明确，剧本便会陷入混乱无序的状态。情节可能杂乱无章、毫无条理，难以形成连贯的故事脉络；角色的行为与性格也会缺乏连贯性，致使观众难以理解角色的行为动机与性格转变；故事主题更是模糊混沌，观众看完后一头雾水，无法进行思考与感悟，心理情景剧所承载的教育意义与艺术价值也就无从谈起。

二、搭建故事结构

在心理情景剧的创作中，经典的故事结构为心理故事搭建起清晰的叙事框架，助力观众顺畅地理解剧情的发展脉络，深入体会故事所传达的情感与内涵。其中，三幕式结构以其简洁高效且富有张力的特点，成为心理情景剧创作中极为常用的结构模式。它将故事划分为三个主要阶段，包含开端、发展、高潮和结局这四个紧密相连，不可或缺的关键环节，共同推动故事的发展。这四个环节在三幕式结构中相互依存，共同构建起完整的故事架构，如图 3-1 所示。

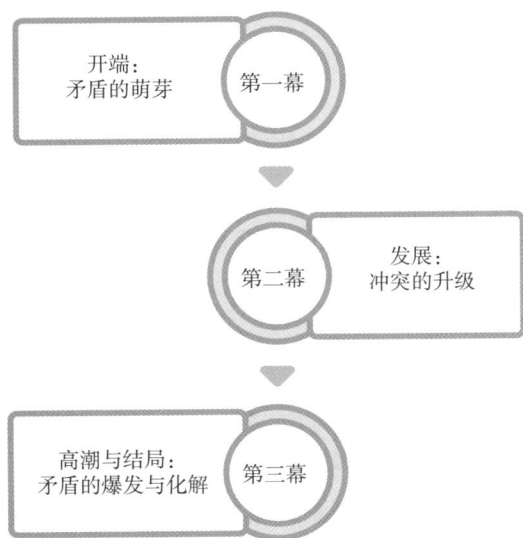

开端：
矛盾的萌芽　第一幕

第二幕　发展：
冲突的升级

高潮与结局：
矛盾的爆发与化解　第三幕

图 3-1　三幕式结构

1. 第一幕——开端：矛盾的萌芽

开端部分宛如故事的"导火索"，作为三幕式结构第一幕的核心，其关键在于迅速且精准地引入故事的主要人物以及核心冲突点，从而在短时间内抓住观众的注意力，激发他们继续探究故事的欲望。

以亲子关系为主题创作故事时，比如孩子面临高考这一人生重大节点，备考期间压力巨大，精神高度紧张。高考模拟考试成绩公布后，孩子的分数不理想，与预期相差甚远。父母得知成绩后，严厉斥责孩子："你这几个月都学什么了？现在考成这样，真正考试的时候怎么办？"孩子本来就因成绩下降而低落自责，父母的指责让他内心的委屈和愤怒瞬间爆发，大声反驳："你们根本不知道我有多努力，就知道骂我！"这样激烈的情感碰撞，不仅展现出孩子和父母的性格特点，也为后续故事的矛盾冲突埋下伏笔，让观众对故事发展充满期待。

2. 第二幕——发展：冲突的升级

发展阶段是故事的"成长发育期"，是三幕式结构第二幕的主要内容。在此阶段，情节如同抽丝剥茧般逐步展开，矛盾和冲突不断加剧，角色会面临来自各个方面的复杂挑战和困境。

接着上面亲子关系的故事，孩子和父母争吵后，内心痛苦又不被理解，便开始封闭自己。每天放学一回家就把自己关在房间，拒绝和父母交流，对父母的关心与询问置之不理。父母担心孩子，却不知如何是好。有一次，母亲趁孩子上学，偷偷翻看孩子的手机，想了解孩子近期的状态。孩子回家后发现，愤怒地质问父母："你们为什么不经过我同意就看我手机？我一点隐私都没有了！"这一行为让孩子和父母之间的信任崩塌，矛盾进一步激化，让观众深刻感受到角色在矛盾冲突中的挣扎与痛苦。

3. 第三幕——高潮与结局：矛盾的爆发与化解

在三幕式结构的第三幕，高潮和结局紧密相连。高潮是整个故事的"爆发点"和关键转折点，此时故事中的冲突达到了最为激烈的程度，所有的矛盾、情感和悬念在此汇聚、碰撞，形成强大的情感冲击力，将观众的情绪推向顶点。

在亲子关系故事里，孩子在一次家庭聚会上，长期压抑在内心深处的痛苦和不满彻底爆发。当着爷爷奶奶、叔叔阿姨等众多亲戚的面，孩子忍不住哭着说："我每天学习压力那么大，你们从来都只看成绩，根本不关心我累不累，难不难过。我在这个家感觉好孤独，你们根本不懂我！"这些积压已久的情感瞬间释放，让父母震惊得说不出话，也让在场的亲戚们意识到这对亲子之间存在严重问题。

高潮之后便是结局，结局部分是故事的"收尾乐章"，其核心任务是妥善解决故事中的冲突，实现角色的心理成长与转变，给观众带来情感上的慰藉和思想上的启发。在上述亲子关系的例子中，孩子在家庭聚会上的爆发成为家庭关系转变的契机。父母开始反思自己的教育方式，主动学习科学的教育理念和沟通技巧。他们尝试和孩子平等交流，认真倾听孩子的想法和感受。孩子看到父母的改变，也逐渐放下防备，理解父母的苦心。在之后的日子里，父母和孩子经常沟通，关系逐渐缓和。孩子也在这个过程中变得更加自信，能够勇敢表达自己的想法，实现了自我认知和心理上的成长。这种结局既让观众感受到故事的完整性和圆满性，也传递出积极向上的价值观，使故事具有深刻的教育意义和现实启示。

三、塑造鲜活角色

角色堪称心理故事的灵魂所在。角色的成功塑造能让整个故事充满生机与活力，吸引观众并引发情感共鸣。要使角色具备鲜明独特的个性与心理特征，需从角色的背景、性格、动机和目标等维度进行精心雕琢。

下面就以塑造一个性格内向、胆小怯懦的13岁青少年角色为例，展开详细的阐述，我们给这个男孩起名为王远。

1. 成长背景

想让一个剧本的角色真实，我们就需要深入探究其背后的成长经历，这样才能为他的性格形成提供合理依据。

王远处于严肃且极度缺乏鼓励的家庭环境里，父母对他要求苛刻，总关注他的不足，很少给予肯定与赞扬。长期处于这样的环境，王远面对外界时缺乏自信，内心始终被自我怀疑的阴影笼罩。

2. 性格特点

性格特点就像不同土壤会长出不同植物，角色的成长背景就是塑造性格的"秘密配方"。有了成长背景铺垫，就能顺藤摸瓜，为角色量身定制独特性格，让他们的每一个反应、每一句话都合情合理，真实存在。

王远在集体场合，像受惊的小鹿，总是默默不语，把自己藏在角落里。他对犯错充满恐惧，一举一动都小心翼翼，生怕因失误被指责。课堂上，即便知道答案，也会怕答错而沉默；小组讨论时，即便有独特见解，也不敢主动表达，总在犹豫纠结中错过发言机会。

3. 动机和目标

性格、动机和目标，就像给角色注入灵魂的"三件套"。性格决定了角色面对事情时的第一反应。而动机藏在角色心里，是其行动的"小马达"，可能是想证明自己，也可能是为了守护重要的人。目标则是角色的"终极任务"，就像游戏里的通关奖励，有了它，角色的每一次选择、每一步行动才有意义，故事也会跟着"活"起来。

王远内心深处强烈渴望得到他人的认可与接纳，希望突破自我，变得勇敢自信，像其他同学一样自如展现自己，积极参与各种活动。这就是王远这个角色的动机和目标。

4. 展现方式

在故事叙述中，我们还需要通过细致的角色语言、动作和表情展现其性格。面对老师的提问，王远会条件反射般紧张，迅速低下头，仿佛这样就能躲开众人目光。回答问题时，声音颤抖，每个字都带着明显的不自信；与同学交往，他时刻留意他人反应，观察周围人的一举一动，不敢轻易做决定。哪怕讨论周末活动安排这种小事，他也会反复思量，生怕自己的提议不被接受。

四、设计精彩对话

对话在心理情景剧中至关重要，是推动故事发展、展现角色性格和心理的有力武器。精彩的对话应精准契合角色身份和性格特点，以简洁表述传递深刻内涵，让观众迅速洞悉角色内心世界。

下面我们就以友情破裂与修复这个主题为例，设定角色在故事中的对话，从不同方面解析精彩对话的塑造要点。

1. 角色背景的设定

在这个友情故事中，两位主角（初二学生）曾是亲密无间的好友，却因一场误会产生了难以调和的矛盾。这样的背景为后续对话中复杂情感的展现埋下了伏笔，是对话能够生动呈现角色心理的基础。曾经深厚的友谊与如今的隔阂形成鲜明的对比，使每一次对话都承载着过往的回忆和当下的情绪。

2. 对话体现的性格特点

甲的性格展现：甲在再次遇到乙时说"好久不见，最近过得怎么样？"冷漠的语气、刻意避开的眼神，透露出他内心的不安与愧疚。这表明甲是一个较为内敛的人，面对曾经的好友和矛盾，选择用冷漠来掩饰自己的真实情感。

乙的性格展现：乙回应："托你的福，挺好的。"，略带嘲讽的语气和冷笑的表情，直接展现出他直率的性格，心中的怨恨和不满毫无保留地通过这句简短的话宣泄出来，说明他对过往的伤害难以释怀。

3. 对话推动故事的发展

对话可以推动故事的发展，只要我们稍微加点"火药"，就能瞬间点燃矛盾。

甲无奈地问："我们之间……就不能好好说话吗？"，这句话体现出他渴望打破僵局，却不知如何开口的心理。

而乙情绪激动地质问："好好说话？你当初为什么要那么做，你有没有考虑过我的感受？"这句话中，乙将积压已久的情绪瞬间爆发出来，直接抛出矛盾核心，把两人之间的矛盾冲突推向了高潮，推动故事朝着解决矛盾的方向发展。

4. 对话展现角色心理变化

在本案例中，角色从最初相遇时的互相试探，到矛盾激化时的情绪爆发，清晰地展现了角色的心理变化过程。甲从一开始的冷漠掩饰，到后来无奈地想要化解矛盾；乙从满心怨恨，到最终将内心的痛苦和委屈倾诉出来。这两种心理变化通过对话层层递进，让观众能够深刻地感受到角色内心世界的复杂性，增强了故事的感染力和吸引力。

第二节 如何让故事更具专业性：探索和转化

在心理情景剧创作领域，若想让作品从众多创作中脱颖而出，彰显深厚的专业底蕴，融入多维度的专业元素是关键。深度剖析心理问题、巧妙运用心理学理论与方法、合理呈现真实案例，这些环节紧密相连、层层递进，共同构建起心理情景剧的专业大厦。

一、深入探索心理问题

青少年时期是心理发展的关键阶段，心理问题复杂多样，深入洞察这些问题是创作专业心理情景剧的基础。编剧不仅要讲述故事，更要深入研习心理学知识，精准把握各类心理问题的外在表现、内在成因和广泛影响。

1. 收集常见心理问题素材

通过问卷调查、学生访谈、教师反馈等方式，深入校园生活收集素材。比如，了解到学生因学业压力产生考试焦虑，表现为考前失眠、考试时手抖、大脑空白；人际交往中，双方因性格差异导致友谊破裂，一方过于内向敏感，另一方大大咧咧，常因无心之言产生矛盾。将这些素材分类整理，为创作提供丰富的蓝本。

2. 分析心理问题成因

以青少年网络成瘾为例，家庭中父母陪伴缺失，孩子情感需求得不到满足；学校里竞争激烈，成绩不佳的孩子难以获得成就感，这些都可能成为孩子网络成瘾的诱因。同时，青少年自身心理发展特点，如好奇心强、自控力弱，也是网络成瘾的内在原因。这样从多维度分析成因，能让故事创作更具深度。

3. 把握心理问题影响

青少年抑郁倾向会使成绩下滑，对社交活动失去兴趣，长期处于消极状态，甚至影响身体健康；社交恐惧则会导致学生在集体活动中被边缘化，自我认同感降低，影响其未来的社会适应能力。准确把握这些影响，都能生动地展现出角色面临的困境与获得的成长。

二、运用心理学理论和方法

心理学理论和方法就像给心理情景剧装上"专业引擎"，能让角色的内心转变真实又有说服力。主角从自卑到自信，从迷茫到坚定，背后其实藏着积极心理学、情绪 ABC 理论这些科学依据。巧妙融入这些知识，不仅能让角色的心理成长轨迹更符合逻辑，还能让故事自带专业光环，观众看得懂、信得过，真正实现心理教育与艺术表达的双赢，如图 3-2 所示。

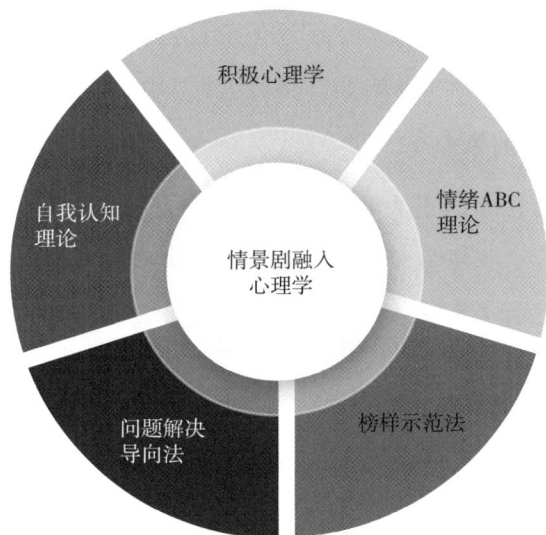

图 3-2　情景剧融入心理学

1. 积极心理学的运用

例如，一个原本自卑的学生角色，在老师和同学的鼓励下，参与校园科技社团。在不断探索和实践中，他成功发明了简易的环保小装置，获得了科技比赛奖项，从此变得自信，主动参与更多校园活动。借此展现积极人际关系和个人优势挖掘对学生心理成长的影响，传递乐观价值观。

2. 情绪 ABC 理论的应用

例如，设置考试失利场景，同学 A 觉得自己"天生不是学习的料"，越想越灰心，干脆放弃学习；但同学 B 却把这次失败当成发现知识漏洞的机会，马上整理错题、查漏补缺。同样一件事，同学 A 和 B 有着不同的想法，这就带来完全不一样的情绪和行动。通过这样的对比，同学们就能明白：换个角度看问题，遇到困难也能轻松化解。

3. 榜样示范法的融入

例如，塑造热爱阅读的榜样学生，他每天坚持晨读，课堂上旁征博引，课后帮助同学提升阅读写作能力。在他的影响下，班级形成了良好的阅读氛围，同学们的学习积极性和知识储备都得到提升。

4. 问题解决导向法的呈现

例如，当小组同学在项目合作中产生分歧，角色先冷静思考分歧点，分析是目标理解不同还是分工不合理。然后组织小组会议，坦诚表达自己的想法，倾听他人意见，最终达成共识，高效完成项目。借此引导学生学会如何解决问题。

5. 自我认知理论的体现

例如，主角参与校园歌手大赛，起初以为自己唱歌一般，只是为了锻炼自己。比赛中，他独特的嗓音和舞台表现力获得观众和评委的认可，从此发现自己在音乐方面的潜力，对自己有了新的认知，也更积极地追求音乐梦想。

三、结合真实案例

真实案例是心理故事创作的宝贵源泉，能赋予故事强大的说服力和感染力，使观众更易产生思考和共鸣。真实案例源于生活，带着真实的细节和情感温度，能让观众迅速融入情境，感受故事的真实性与可信度。

1. 收集真实案例

关注校园生活，从心理咨询室、教师日常观察中收集素材。比如收集到学生因父母离异，在学校表现出情绪不稳定、成绩下滑的问题；因被同学孤立，产生自卑心理等案例。

2. 分析案例价值

以校园霸凌案例为例，分析霸凌者的家庭环境（如父母溺爱或暴力对待）、心理因素（寻求关注、模仿不良行为），以及对受害者身心造成的长期伤害，为创作提供全面视角。

3. 融入故事创作

通过将校园霸凌案例改编为心理剧，展现受害者从恐惧逃避到在老师同学的帮助下勇敢面对，霸凌者在教育引导下认识错误并改正的过程。引发学生对校园霸凌的关注和思考，增强心理剧的教育意义。

总之，在心理情景剧创作中，深入探索心理问题是根基，运用心理学理论和方法是关键，结合真实案例是增强感染力的重要手段。只有将多维度的专业元素有机融合，才能创作出兼具专业性与感染力的优秀作品。

第三节 如何让故事更具观赏性：舞台外化技术

在校园心理情景剧的创作中，舞台外化技术是提升故事观赏性、增强情感共鸣的关键环节。这不仅要求我们运用多样化的艺术表现手法，更要求我们注重各元素之间的协同配合，使观众能够沉浸于剧情之中，深入理解角色的内心世界。

一、象征手法的运用

象征手法是将抽象的心理概念具象化的有力工具，能显著增强故事的表现力与感染力。在展现青少年内心恐惧的故事里，黑暗的舞台背景、低沉的音乐和飘忽不定的阴影可用来象征恐惧。当主角直面恐惧时，舞台上黑暗逐渐逼近，阴影笼罩其身，让观众直观感受其内心的恐惧情绪。

道具也可用于象征角色的心理状态。比如，以一把破碎的镜子象征主角破碎的自我认知；用一条缠绕的绳索象征主角内心的束缚。通过这些象征元素的运用，观众能更深入地理解角色的内心世界。

二、丰富的肢体语言与表情设计

肢体语言和表情是演员传达角色心理的重要手段。编剧在创作时，需对角色的肢体动作和表情进行细致的规划。角色紧张时，可设计其双手紧握、身体微微颤抖、眼神游离；自信时，身体挺直、步伐坚定、眼神明亮。通过这些细腻的设计，观众不需要台词就能感知角色的心理变化。

在关键情节中，夸张的肢体动作和表情能增强戏剧效果。角色情绪爆发时，大幅度的手势、高昂的声音和激动的表情，可充分展现其内心的强烈情感。

三、巧妙的舞台道具与场景布置

舞台道具和场景布置需与故事的情节和氛围相契合，为观众营造身临其境之感。

在家庭场景的故事中，道具的选择应体现家庭的特点和氛围。温馨的家庭可摆放全家福照片、柔软沙发和温暖灯光；充满矛盾的家庭则可设置凌乱的房间、摔碎的物品等。

场景转换要自然流畅，借助灯光、音效和道具的变化来实现。从学校场景转换到家庭场景，可通过灯光的明暗变化和音效的切换来营造不同氛围。同时，场景布置应具备一定的灵活性，以便根据剧情发展进行调整。

四、多元舞台外化技术融合

除上述基础技术外，校园心理情景剧还包含多种独特的舞台外化技术，它们从不同层面助力心理情景剧更生动、深刻地展现角色内心与故事内涵。

1. 角色互换技术

角色互换就是安排两个或多个角色互换身份，亲身体验对方的感受和想法。这种技术能够促进角色之间的理解与共情，深刻揭示人物关系中的潜在问题，同时也让观众从不同的视角去看待问题，加深对剧情的理解和感悟。

在讲述亲子关系的心理剧中，孩子和父母因为学习问题产生了激烈的矛盾。通过角色互换，孩子扮演父母，体验父母为家庭的辛勤付出以及对孩子学业的担忧；父母扮演孩子，感受孩子在学习压力下的疲惫和无奈。在互换过程中，双方开始理解彼此，矛盾逐渐缓和。

2. 镜像技术

镜像技术就是安排一个或多个角色模仿主角的动作、表情和语言，直观地呈现主角的内心世界。通过镜像角色的同步表现，能让观众更加清晰地看到主角内心的矛盾和挣扎，增强故事的表现力。

在一个关于自我认同的心理剧中，主角对自己的外貌不自信，总是觉得自己不如别人。这时，舞台上出现一个镜像角色，与主角如影随形。当主角看到镜子中自己的模样而皱眉时，镜像角色也做出同样的动作，并且夸张地表现出嫌弃的表情，展现出主角内心对自己的不满和否定。

3. 替身技术

替身技术就是安排一个或多个角色作为主角的替身，替代主角表达内心无法直接言说的情感、想法或欲望。替身可以帮助主角更好地认识自己，同时也能让观众更全面、深入地了解主角的内心世界。

在讲述校园欺凌的心理剧中，主角是一个性格内向、经常被欺负的学生，他内心充满了愤怒和恐惧，但却不敢表达。这时，替身角色出现，替他大声喊出："我受够了！你们为什么要欺负我？我也有我的尊严！"通过替身，展现出主角内心深处被压抑的情绪。

4. 独白技术

独白技术就是角色在舞台上直接向观众倾诉自己的内心想法、感受、经历或矛盾。这种方式能让观众直接深入角色的内心世界，拉近角色与观众之间的距离，使观众更能感同身受，极大地增强故事的感染力和情感共鸣。

在一个关于考试失利的心理剧中，主角垂头丧气地坐在书桌前，灯光昏暗。主角缓缓开口独白："这次考试又没考好，我真的好难过。我明明已经很努力了，为什么还是不行？我不敢告诉爸爸妈妈，怕看到他们失望的眼神……"通过这段独白，清晰地展现了主角考试失利后的痛苦和迷茫。

5. 道具象征技术

利用各种常见道具来象征角色的情感、记忆、梦想或心理状态等。将抽象的心理元素转化为具体的实物呈现，让观众更直观地理解角色的内心世界，增强舞台的表现力和故事的感染力。

在一个关于友谊的心理剧中，两个好朋友闹矛盾后，其中一个主角手中一直紧握着对方曾经送的友谊手链。这条手链象征着他们曾经美好的友谊，当主角抚摸着手链时，满脸的懊悔和对友谊的不舍，不需要言语，观众就能感受到他内心的情感。

6. 面具技术

面具技术就是让角色佩戴不同的面具来代表不同的人格特质、情绪状态或社会角色。面具可以巧妙地隐藏角色的真实表情，突出角色在特定情境下的心理特征，引导观众专注于角色的内心世界和情感变化。

在一个以校园社交为主题的心理剧中，主角在面对老师时，戴上一副乖巧、礼貌的面具；在和调皮的同学一起时，换上玩世不恭的面具；而当独自一人时，才摘下所有面具，露出疲惫和迷茫的真实面容，展现出他在不同社交场景下的不同心理状态。

7. 旁白技术

旁白技术就是由一个或多个不在剧情中的角色进行旁白叙述，对剧情的背景、角色的心理、故事的发展等进行补充说明。旁白可以帮助观众更好地理解剧情的来龙去脉，引导观众的情感和思考方向，增强故事的连贯性和逻辑性。

在一个以校园生活为背景的心理剧中，开篇旁白说道："这是一所充满活力的学校，每天都有许多故事在这里发生。我们的主角小明，是一个普通的学生，但他将面临一场挑战……"在剧情发展过程中，旁白适时解读角色的内心活动，帮助观众更好地理解剧情。

8. 未来投射技术

未来投射技术就是让角色想象并呈现出未来某个情境下的自己，展示角色对未来的期望、恐惧或憧憬。这种技术可以帮助角色明确自己的目标和方向，同时为故事增添一种前瞻性和探索性，引发观众对角色命运的关注和思考。

在一个关于追求梦想的心理剧中，主角面临着升学的选择，不知道是该选择自己喜欢的艺术专业，还是听从父母的建议选择热门的理科专业。这时，主角通过未来投射，分别呈现出自己选择不同道路后的未来场景。选择艺术专业，未来的自己在舞台上光芒四射；选择理科专业，未来的自己在办公室里却显得有些迷茫。通过对比，主角更加明确了自己的内心追求。

9. 束绳技术

束绳技术就是用绳索来象征角色内心的束缚、压力或人际关系的复杂。绳索既可以有形地限制角色的行动，也可以隐喻地代表无形的心理负担，将抽象的心理压力以直观的形式呈现给观众。

在讲述学习压力的心理剧中，主角被多条绳索缠绕，这些绳索代表着来自父母的期望、老师的要求以及同学之间的竞争压力。随着考试的临近，绳索越勒越紧，主角艰难地挣扎着。当主角开始调整心态，努力克服困难时，他开始一点一点地解开绳索，展现出他摆脱压力的过程。

10. 雕塑技术

雕塑技术就是让角色将自己或他人的内心状态通过身体造型呈现出来，形成静态的画面。雕塑技术能够定格某个关键的心理瞬间，以直观的视觉形式展现抽象的情感和人物关系，帮助观众快速理解角色的内心世界和人物之间的复杂关系。

在一个关于班级矛盾的心理剧中，几个同学因为一次小组作业产生了分歧。在矛盾激化的时刻，通过雕塑技术呈现：一个同学双手叉腰，怒目而视；另一个同学低头哭泣，显得很委屈；还有的同学在一旁不知所措。这个雕塑生动地展现了矛盾中不同角色的心理状态和相互关系。

上述编剧方法、专业性探索和舞台外化技术的综合运用，能够创作出既深刻又好看、兼具疗愈和教育意义的心理情景剧，让观众在欣赏精彩剧情的同时，获得心灵的触动和成长。在创作过程中，需要不断打磨细节，注重各元素的有机融合，以呈现出高质量的校园心理情景剧作品。

第四章
自我认识主题
——创编实例解析 1

第一节　原创剧本《微微》

(该剧获得 2024 年中小学校园心理剧大赛区级小学组一等奖、市级二等奖)

一、人物简介

微微：热爱音乐，喜欢唱歌，理性、胆小，不敢主动表达、害怕尝试，导致失去好友、没能竞选音乐课代表、不能参加合唱团。后经过自我探索、与影子达成和解、获得影子的支持与鼓励，从微小的改变开始，逐渐变得勇敢并接纳自己，获得好友谅解，成为合唱团主唱。

影子：微微的另一个自我。性格与微微截然相反，勇敢、鲁莽，讨厌微微的懦弱。但由于只是影子，在脱离微微身体后发现无法单独行动，之后做出改变，主动与微微和解，陪伴微微一起面对问题，让微微获得勇气。

同学西西：微微的好朋友。在和贝贝成为同桌后，与微微玩耍的时间变少，让微微生闷气，后来两人和解。

同学贝贝：西西的同桌，近期总是和西西一起玩。

同学阳阳：微微的同桌，勇于挑战，成为音乐课代表。

老师：发布竞选音乐课代表、合唱团的通知；合唱比赛主持人。

妈妈：微微的妈妈。前期因微微即将参加钢琴考级拒绝了她参加合唱团的请求，后经对方勇敢表达同意该请求。

二、剧本内容

(无背景，影子的独白)

影子：大家好，我是微微，确切地说，我是微微的影子。和其他影子一样，从小，无论微微做什么，我都得做同样的事。但随着慢慢长大，我觉得越来越没劲了，很多我想做的事情，她都不愿去做。不信，你们看……

第一幕 微微的问题

▶▶ **场景：教室**

（西西和贝贝在座位上聊天，阳阳入场）

阳阳：早啊，西西；早啊，贝贝。

西西和贝贝（挥手）：嗨！（继续聊天）

（微微走进教室，看到西西和贝贝在聊天，动作迟疑了一下；随后径直走到座位上；影子坐在微微旁边的座位上，一直和微微做着相同的动作）

阳阳：早啊，微微。(看书)

微微（小声）：早，阳阳。

影子：微微，我们去跟西西聊会儿天？好久没跟她一起玩了。

微微：不去，你没看她正和贝贝聊得开心嘛。

影子：那有什么，一起玩呗，再说你和西西从小就是好朋友啊。

微微：算了吧，她和贝贝成为同桌后，都不找我玩了。

影子：所以我们才要主动找她啊。

微微：可是，我一进来，她看都不看我一眼，也不跟我打招呼，我感觉她也不需要我这个朋友了。

影子：唉，好吧……

（上课铃声响，老师上场，所有同学坐好）

老师：同学们好！今天要评选出咱们班的音乐课代表，协助老师组织文娱活动，大家可以商量一下，也可以毛遂自荐哦！

阳阳：微微，你去当课代表吗？

微微：我还没想好呢。

（阳阳参与后排两位同学的讨论）

影子：你怎么没想好呢，你唱歌那么好听，不是一直想当音乐课代表嘛！

微微：想是想，但我怕做不好。

影子：得先做了才知道能不能做好啊，还是先举手吧。

微微（把手按下）：算了，让我再想想！

影子：关键是，我想去啊。（用力举手）

微微（紧张，生气，把手按下）：不行，我还没做好准备。

影子：天啊，我为什么会是你的影子啊。

老师：好了，同学们，有谁想主动挑战音乐课代表的吗？

（阳阳举手）

老师：阳阳。

阳阳：老师，虽然我没有当过课代表，但我觉得自己的音乐水平还不错，想尝试一下，我一定用心完成各项任务，请大家支持我！

老师：非常好！阳阳，老师很佩服你的勇气，其余同学有异议吗？

（大家都摇头）

老师：好，那以后阳阳就是咱们班的音乐课代表了。

（全体鼓掌）

老师：这个学期，学校成立了合唱团，在每周五课后服务的时候排练，大家回去和父母商量一下，想参加的同学可以在阳阳那儿报名！好，这节课到此结束，下课！

（所有同学起立）

老师：同学们再见！

所有同学：老师再见！

（老师离场，微微用手撑头叹气，西西探起身子对微微说话）

西西：微微，你唱歌特别好听，合唱团你去吗？

微微（对自己生气）：别管我！（径直离开）

西西：唉，你怎么了？莫名其妙！

▶▶ 场景：微微家

（妈妈在拖地，微微进入客厅）

妈妈：微微，回来啦，怎么感觉你不开心啊！

微微：没什么。妈妈，我想参加学校的合唱团。

妈妈：哦，一般什么时候排练呢？

微微：周五课后服务的时候。

妈妈：那个时间不太合适啊；还有两个月你就要钢琴考级了，我问钢琴老师了，她当时刚好有时间，你看，要不下次有机会，再参加？

微微（失望、伤心）：可是……我真的很喜欢唱歌。

妈妈：但这次考级也很重要，时间真的不够了，考完之后再找机会好不好？

微微（大声、生气地说）：考完了这次，还会有新的考级，永远没完没了，我真的好想去做自己想做的事，我真的受够啦！

（妈妈、微微均愣住了，微微也不知道自己怎么这样对妈妈说话）

妈妈：你今天怎么这么跟妈妈说话，发生什么事了吗？

影子：没朋友，没当上课代表，不能参加合唱团。

微微：对不起，妈妈，我……让我自己待一会儿。

妈妈：好吧！

（离场，灯光暗下来，呈现第二幕）

第二幕　微微和影子的探索

（虚拟背景，灯光在微微和影子上。微微坐在沙发上，拿着抱枕猛拍）

影子：唉，不敢找朋友，不敢举手当课代表，却敢对妈妈发脾气，你可真行啊！

微微：你别说了。（捂住耳朵）

影子：不，我要说；你受够了，我也受够了；我受够了你从来不听我的想法；我受够了你什么都不敢去做；我受够了……每天和你做一样的动作，我……我……我要离开你。（挣脱状）

（影子完全挣脱开，逐渐晃动四肢，从此刻开始，影子不再做和微微一样的动作）

影子：哇，原来自由活动是这样的感觉啊！

微微（绕着影子看，震惊）：这也太神奇了吧！

影子：哇！微微，这是我第一次正面看你！

微微：你……你刚刚不还生我的气嘛。

影子：对哦，我还在生气啊，不过，终于可以面对面和你掰扯掰扯了。（撸起袖子）你之前不是一直想当音乐课代表吗，为什么不举手竞选？

微微：我，我是想去，但我怕选不上，同学们笑话我。

影子：不用管他们，他们爱说啥说啥；而且他们自己都没有参加，有什么资格说我们？

微微：可……可是，就算被选上了，我也担心，万一做不好，被撤了更丢人。

影子：我真是服了你了，你为什么总是这么胆小、懦弱，犹犹豫豫、瞻前顾后，我讨厌这样的你……

（妈妈入场，在门外敲门，灯光全亮，背景切换为微微家）

妈妈：微微，你还好吗？妈妈可以和你聊聊吗？

影子：快，再去跟妈妈争取下，没准能参加合唱团呢！

微微（紧张）：我……再等等，我还没想好怎么说。

影子：你永远是等等，再等等，这次我不要听你的，我要自己去做。

（影子跑到门边，尝试开门，结果无论怎样都打不开门）

影子：这是怎么回事，我怎么打不开啊？妈妈，妈妈，我要去合唱团，你能听到吗？妈妈，我要去合唱团。

妈妈：唉……微微，那等你需要妈妈的时候，可以随时来找妈妈。

影子：这到底是怎么回事，为什么妈妈听不到我的声音？

微微：因为，你只是我的影子啊；你讨厌这样的我，但你也是我啊……

影子（惊讶、恍然大悟）：我……也是你？

（微微走回沙发坐下来，戴上耳机，开始听歌；影子也坐到沙发的另一边陷入沉思；虚拟背景，灯光在微微和影子上。微微不断切歌，直到听到《微微》，由于和自己的名字一样，微微切回《微微》，听歌中）

歌词：

微微晨光点亮这喧嚣世界

微微温暖融化昨夜的冰雪

就像是每一秒都称为岁月

微微从不停歇

微微就是秋天里每片落叶

微微就是彩虹里每滴雨点

微微她很渺小却从不疲倦

微微就是我们

微　微　微　微

微　微　微　微

多少次跌跌撞撞才学会坚强

多少次在迷茫之中寻找方向

多少次跌倒之后再站起来面对

再勇敢去闯啊

（微微摘下耳机）

微微：勇敢去闯，勇敢去闯……

（灯光全亮，影子起身，站到微微旁边）

影子：微微，你说得对，我也是你，我不该一味地指责你（深吸一口气），对不起。

微微：（起身）没关系。很多事，我知道应该勇敢去闯的，可我……没那么多勇气。

影子：那以后我给你勇气，你看，我这么勇敢……

（双方会心一笑）

微微：音乐课代表的事儿，我也得跟你说声抱歉。

影子：（不好意思）嗐，那都过去了。

微微：刚刚的歌，好像是唱给我听的。《微微》，对啊，我也是微微啊~

影子：（困惑）啊，什么意思？

微微：微小的事，微小的改变。影子，我知道了，（开心，与影子面对面）我现在是没有足够的勇气，但是，我可以先去尝试去做那些有把握的小事，慢慢地就有信心和勇气面对大事了。

影子：嗯！

微微：音乐课代表，我不确定自己能组织好活动。但，合唱团，我可以的，和大家一起唱歌，我肯定没问题的。（兴奋）

影子：嗯！

微微：我应该再和妈妈好好商量一下，我一定要参加合唱团。

影子：我相信你，微微，以后无论什么事儿，你想做，就放心去做；我也是你，出了事儿，我和你一起扛。（拍胸脯）

（敲门声，灯光全亮，背景切换为微微家）

妈妈：微微，你好点了吗？该吃饭了。

（微微和影子静止下来，慢慢出现微微的心跳声）

影子：微微，你准备好了吗？

微微：（深呼吸）嗯，准备好了。

影子：那我们一起出发？

微微：嗯！

（微微坚定地前去开门，从此刻开始，影子回归微微，微微做什么，影子做什么。微微打开门）

微微：妈妈，我想和您聊一会儿。

妈妈：好啊，妈妈也在等你呢！

(微微和妈妈进入房间，坐在沙发上)

微微：妈妈，我真的很想参加合唱团，我真的很喜欢唱歌，明年我就六年级了，今年不去，明年就更没时间去了。

妈妈：那钢琴考级怎么办呢？

微微：嗯……您知道的，我最近琴弹得还不错，我不一定非要再上一节钢琴课，我可以每天再多练15分钟，我对考级是有信心的！

妈妈：这……

微微：(可怜样) 求您啦，妈妈！

妈妈：好吧，去吧！但，千万不能耽误考级！

微微：(拥抱妈妈) 啊，太棒了，太爱您啦，妈妈！

妈妈：妈妈也喜欢现在的你，有什么事儿能直接和妈妈说。好了，我们去吃饭吧！

微微：嗯嗯。

(妈妈走出房间，微微和影子边走边说)

微微：哎，影子，你回到我身边了？

影子：对啊，回归了！

第三幕　当勇气悄悄来临

▶▶ 场景：教室

(西西在教室看书，微微和影子入场)

影子：微微，昨天的事儿，我们该跟西西道个歉。

微微：嗯，我已经准备好了。(还有点紧张，双手握拳) 走！

(微微走向西西)

微微：西西！

西西：(抬头) 嗯？

微微：对不起，昨天我在跟自己生气，不应该冲你发火的！

西西：哦，那你最近怎么了，感觉闷闷不乐的。

微微：我……我看你天天和贝贝玩，以为你不要我这个朋友了。

西西：对不起，最近和贝贝忙着小组课题，都忽略你了。不过，就算我有新朋友了，也需要你这个老朋友啊。对了，合唱团你去吗？

微微：嗯嗯，去啊。

（阳阳、贝贝入场）

阳阳、贝贝：早啊

贝贝：我报名合唱团了，你们去吗？

微微、西西：去啊。

（四人围坐一起）

阳阳：昨天我收到通知，还需要一位领唱，我得组织比赛，不能参加，咱们再推荐一位领唱呗！

西西：微微啊，她唱歌特别好听！

贝贝：是啊，上次联欢会，她的歌声都让我入迷了！

微微：（又开始紧张，着急地说）可是，合唱团，大家一起唱，我没问题，但领唱，我怕我唱不好。

阳阳：他们都推荐你，说明你唱功肯定很强。

西西：是啊，而且咱们还有很多练习时间呢。

贝贝：那次联欢会你也是一个人唱的，你肯定没问题的！

影子：微微，你是微微呀，而且我会陪着你，一起加油！

微微：（有信心）好，我试试！

贝贝、西西、阳阳：太好啦！

▶▶ 场景：合唱比赛

（微微、影子站在第一排；阳阳、西西、贝贝站在第二排；老师站在最前面报幕）

老师：下面，请五（1）班给大家带来合唱歌曲《微微》。

所有同学（合唱）：

多少次跌跌撞撞才学会坚强

多少次在迷茫之中寻找方向

多少次跌倒之后再站起来面对

再勇敢去闯啊

微微晨光点亮这喧嚣世界

微微温暖融化昨夜的冰雪

就像是每一秒都称为岁月

微微从不停歇

微微就是秋天里每片落叶

微微就是彩虹里每滴雨点

微微她很渺小却从不疲倦

微微就是我们啊

微微：影子，谢谢你啊！

影子：客气啥，我就是你啊……

（结束）

第二节　创编思路实录

如果将"完成一部心理剧"作为最终目标，我们在创作《微微》这部剧时，将该目标进行了以下几方面的分解：第一，选择主题方面。该主题是学生真实需要的吗？是他们的实际困扰吗？第二，围绕这个主题，应该选择哪些事件？这些事件具有代表性吗？能引起学生共鸣吗？第三，主人公转变部分。如何摆脱成人的视角，用孩子的语言去填充故事？让故事好玩、有趣？第四，剧本取名方面。本剧该取一个什么样的名称，既能符合主题，又能引发观众好奇？第五，舞台效果方面。该如何设计，才能将剧本内容完整呈现？第六，剧本完成后，如何充分发挥该剧的作用？

围绕以上六个方面，让我们共同开启一场探索之旅。

一、确定主题：心理来信分析学生需求

为贴近学生内心世界，反映他们的真实困惑和感受，在确定心理剧主题时，我们通过日常与学生进行信件沟通，深入了解并分析他们的需求。其中，有一类信件引起了我的注意，内容大致如下："小余老师，我想去做……（事情），但我担心、害怕……，您能帮帮我吗？"学生或是担心失败本身，或是害怕失败的后果，内心深处觉得"我的能力还不够，我不行"，进而犹犹豫豫、踌躇不前，甚至把选择权交给我，希望我帮他们决定是否去做这件事情。

这些信件让我看到"自我怀疑、自我否定"是阻止勇气的重要因素。但学生的来信行为本身又恰恰说明了他们十分渴望尝试，只是需要来自外界的鼓励和支持，帮助他们克服自我怀疑，实现自我认同，进而勇敢踏出第一步。

管中窥豹，现实生活中，还有更多没有写信的同学，他们可能没有遇到特别重大的选择或挑战，但或许每一个"微小"的勇于尝试的决定，都经历了从跃跃欲试到自我怀疑，再到自我统一的过程，只不过最后一步没有通过外界的力量，而是依靠自己去实现，这也是我所感受到的极具魅力的心理活动，心理剧可以将学生担心、害怕时克服内心挣扎和冲突的心理过程呈现出来。据此，我将主题设定为通过自我

探索，实现自我统一，最终获得勇气的故事。

二、故事素材搜集：问卷调研获得共鸣事件

确定好主题后，选择哪些事件来展开故事呢？我们设计了一个问卷调查，如图 4-1 所示，既要选出有代表性、能引起共鸣的事件，又能实现以下三方面的功能。

（1）通过"有哪件事情，你很期待去做，但最终没去做"，塑造主人公"不勇敢"的人物性格；

（2）通过"当时期待去做的原因，最终让你放弃尝试的想法"，制造矛盾和冲突，吸引观众；

（3）通过"你之前害怕去做，但最终勇于尝试的事件及想法"，让主人公有探索和成长，引发思考。

---

1. 有哪件事情，你很期待去做，但最终没有去做呢？

事件：＿＿＿＿＿＿＿＿＿＿＿＿＿＿＿＿＿＿＿＿＿＿＿＿＿＿＿

当时期待去做的原因：＿＿＿＿＿＿＿＿＿＿＿＿＿＿＿＿＿＿＿

＿＿＿＿＿＿＿＿＿＿＿＿＿＿＿＿＿＿＿＿＿＿＿＿＿＿＿＿＿

最终让你放弃尝试的想法：＿＿＿＿＿＿＿＿＿＿＿＿＿＿＿＿＿

＿＿＿＿＿＿＿＿＿＿＿＿＿＿＿＿＿＿＿＿＿＿＿＿＿＿＿＿＿

2. 有哪件事件，你之前害怕去做，但最终勇于尝试了呢？

事件：＿＿＿＿＿＿＿＿＿＿＿＿＿＿＿＿＿＿＿＿＿＿＿＿＿＿＿

当时害怕去做的原因：＿＿＿＿＿＿＿＿＿＿＿＿＿＿＿＿＿＿＿

＿＿＿＿＿＿＿＿＿＿＿＿＿＿＿＿＿＿＿＿＿＿＿＿＿＿＿＿＿

最终让你勇于尝试的想法：＿＿＿＿＿＿＿＿＿＿＿＿＿＿＿＿＿

＿＿＿＿＿＿＿＿＿＿＿＿＿＿＿＿＿＿＿＿＿＿＿＿＿＿＿＿＿

图 4-1　问卷调查

基于对大量的学生来信内容分析发现，高年级学生能更好地觉察自己，并能通过文字精准地表达自己。因此，我们将六年级学生作为调研对象，随机选择一个有

36 名学生的班级开展调研，经整理分析后，发现了以下三个具有代表性的事件。

事件 1：因害怕而未竞选班干部。

事件 2：好朋友有了新朋友，感觉自己被忽视，但又不敢主动找对方，甚至要和对方"绝交"，以博取对方关注。

事件 3：想做一件事，例如参加合唱团，但因时间关系，被家人拒绝，又不敢主动争取。

调研问卷是通过主动获取信息、学生被动回答的方式呈现，但以上三件事情在学生日常和心理来信中均被频繁提及，因此可以反映出学生的普遍性困扰。

我们将这三件事情进行整合，串成一条故事线，剧本的主体框架就形成了：三个事件分别代表的是主人公自己与自己的关系、自己与朋友的关系、自己与家人的关系。其中自己与自己的关系是主要矛盾。在事件 1 和事件 2 中，因为胆怯让主人公失去机会和朋友，事件 3 则成为压垮她的最后一根稻草。虽然有自我否定，甚至自我厌恶，但这也逼着主人公开始自我探索，认真思考事件 1 中自己与自己的关系，并做出改变。当与自己的关系处理好后，其他两个关系的问题也就迎刃而解了。

三、填充剧本：深度访谈挖掘故事高潮

当事件确定好后，如何通过故事呈现学生的成长和改变呢？自我探索和改变的部分，是每一部心理剧的高光时刻，也是心理技术发挥作用的主要阵地。因此，我也一直在探索，如何让这部分真实、有用又有趣。

在和学生的讨论中，我们关注到了"影子"，并创设"影子"这个角色成为主人公的替身，实现改变。每一次主人公放弃决定，都会产生自责、懊恼的情绪，甚至讨厌当时的自己，而黑色的"影子"可以承担这部分"自我怀疑、自我否定"的内容；多次放弃使"影子"十分生气，离开主人公，让故事充满童话趣味的同时也代表着"自我疏离"；当影子发现即便离开主人公也无济于事时，幡然醒悟，自己也只是主人公的一部分，于是重新回归主人公，实现自我统一。

在确定好主人公的改变路径后，故事基本成型。主人公微微，热爱音乐，喜欢唱歌，性格理性、胆小，不敢主动表达、害怕尝试；影子，性格与微微截然相反，看似勇敢却鲁莽，讨厌微微的懦弱。看到好朋友有了新朋友，微微不敢主动融合；竞选音乐课代表时，微微担心自己做不好选择放弃；想参加合唱团，但时间与钢琴课冲突，微微再次放弃向妈妈争取。但这些事情影子都想去尝试，因为微微的放弃，

影子非常愤怒，进而努力挣扎，脱离微微，与之分裂。之后影子想去争取机会，却发现自己只是个透明人，除了微微，别人听不到她的声音，她也做不了任何事情。至此，影子发现，自己只是微微的一部分，与其指责她、讨厌她，不如接纳她并陪伴她一起面对问题。同时，微微也在歌曲《微微》中冷静下来，从歌词中获得了能量，发现可以尝试微小的事情，做出微小的改变。最终，经过双方的努力，微微勇敢地迈出第一步，主动与好友重归于好，接受了自己没当上音乐课代表这个事实，积极争取参加合唱团并成为领唱。

为了让故事更贴近学生的视角，更真实地反映学生的内心冲突与探索，我们还与多位学生开展了深度访谈，尝试通过捕捉学生的语言来填充剧本。例如，围绕"事件 1：因害怕而未竞选班干——探索自己与自己的关系"，以下为部分访谈实录。

老师：有位同学很想竞选班干，但又怕选不上被人笑话。对此，你会对他说些什么？

学生 1：我觉得做好自己就好了，没必要去管别人怎么看待你。

学生 2：如果那个笑话你的人没有去竞选，你就可以这样说："虽然我没有竞选上，但我参加了，我是有勇气的；你没有去竞选，是没勇气的，凭什么笑话我？"

学生 3：不用管他们，他们爱说啥说啥，重在参与就可以了。

学生 4：被别人嘲笑，其实不是一件大事儿。因为那个人又没参加这项活动，他嘲笑我们是没有理由的。

以上文字经整理后，成为"影子"反驳微微的话语。

四、设计剧名：契合主题凸显核心要义

在剧本完成后，该取一个什么样的名称既符合主题，又能吸引观众呢？之前想的名称是《我的影子溜走了》，能让学生产生好奇心，但最终选择了《微微》，因为它有以下三层含义。

（1）主人公名为微微，在自我否定时偶然听到和自己名字一样的歌曲《微微》，进而冷静下来并开始自我探索。

（2）在众多"微小"的事件中做出微微的尝试与改变，逐渐获得每一个微微的成功经验，并获得勇气。

（3）正如歌词中所说"微微就是我们啊"。在芸芸众生中，每个个体并不突出，

但每一次微小的改变，都让我们感受到"微微晨光""微微温暖"。微微就是自我旺盛的生命力，每一次尝试，点滴的成功，都让我们获得自信、勇气……虽然微小，但微微的我们也在闪闪发光！

五、展示舞台：不断排练完善剧目呈现

在完成心理剧剧本后，我们深知舞台效果的设计对于整体呈现也很重要。然而，由于我们师生团队都是首次参与，只能在一次次的排练中，不断地探索和完善。

首先，面对学生表演经验不足的问题，我们决定通过动作设计来增强情感表达。这些动作不仅唤醒了演员的情绪，也更加贴合剧情。比如，在影子脱离微微的关键场景，我们配合玄幻的音乐设计了丰富的动作；通过动作的不一致性展现了影子和微微的分离；而在后期，当影子和微微再次做同样的动作时，则象征着他们内心的自我统一。

其次，为了进一步提升舞台效果，我们精心设计了 PPT 背景内容。在影子和微微的内心世界探索部分，我们使用虚幻的背景，营造出一个与现实世界迥异的虚拟空间，使观众能够更直观地感受到角色的心理变化。而在歌曲呈现部分，我们通过视频展示歌词，让观众能深刻感受到歌词中所蕴含的情感力量。

最后，在剧情结尾部分，大合唱将故事推向高潮，此时背景视频展示的歌词更加欢快、明亮，与主人公的变化形成呼应。

通过不断地排练和完善，我们初步呈现了一个相对完整的心理剧舞台作品。

六、深化效果：结合活动引发自我探索

1. 对表演者的效果

对于参加心理剧的扮演者来说，每一次排练也是一次自我探索，他们通过角色扮演、情感投入、对话互动，在感受角色的同时，也在理解、接纳自我，尝试更好地去共情他人、表达自己，体验团队协作。排练结束后，我让同学们去回顾并整理自己对勇气的理解和收获，之后我们进行了一次分享活动，以下为不同扮演者的部分感悟。

"微微"扮演者：我认为勇气没有唯一答案，它应该是内心想法的一种表达。

在表演过程中，我深深地融入了角色，感受到了微微一开始的无助和焦虑，再到故事高潮时的爆发，当演到第三幕（当勇气悄悄来临）时，我突然觉得，我不是在演，我就是微微。在日常生活中，我有时也不敢表达内心想法，是微微给了我勇气，让我看到了真正的自己！

"影子"扮演者：我认为勇气是一种很珍贵的东西，每个人都可以拥有。

影子是个自信的人，但在生活中，我却恰恰相反，这是我演出的一个难题。在不懈努力下，我做到了。并且，在自信的状态下我还经常给剧本提建议，大家总是说"吴导演来啦！"，这让我更自信了。

"妈妈"扮演者：勇气是敢于挑战自己，向不敢的事情出发。

这次心理剧对我们所有人来说都是一次特别的体验。在很短的时间里要练出最好的结果，对我们来说太难了。但，我们做到了。做到的背后是什么？是辛苦的练习，是每一次在中午短暂时间里的辛勤排练，才让我成就了优秀的"妈妈"。

"阳阳"扮演者：我认为勇气是遇到困难不退缩、不畏惧，能够勇往直前的力量。

剧中的我，阳光开朗，积极参加各项活动，帮助微微重拾信心。我在开始排练时非常紧张，老师让我们多练习，慢慢地我就不紧张了。经过参演这次心理情景剧，我明白了遇到困难不要退缩，要勇敢面对。

"西西"扮演者：勇气是一种力量，它可以帮助我们在黑暗中找到光明，并为自己和他人创造美好的未来。

录制当天，到我说台词了，我的心顿时提到了嗓子眼，手心也不自觉地出汗了，心里怦怦直跳，紧张感如潮水般袭来；但我渐渐恢复了正常，我在脑海中回想起自己的台词，配合动作，演得很好！我感觉自己也很勇敢。

"贝贝"扮演者：勇气是在很多人面前表演。

刚领到剧本时，我认为和背书一样，肯定不难，后来才发现不仅要背得很流利，还要有动作和语气。有时，小小的一段话就要练习很长时间，即使这样，也没有人觉得辛苦，更没有人中途放弃。我们团结一心，努力让心理情景剧变得更完美、更精彩。

"老师"扮演者：我认为勇气是"知之愈明，则行之愈笃；行之愈笃，则知之益明"。

我把我的台词仔细画出来，利用中午时间背了下来。之后迎来了一次次排练，我很紧张，害怕演不好、忘词、动作不连贯，不过我们认真练习，大家配合得越来越好，我们非常开心。通过这次排练我知道了团结一心的重要性，也知道了要勇于表达自己。

2. 观众观剧效果

《微微》的演出取得了显著的效果。校园里弥漫着歌曲《微微》的旋律，学生们也时常哼唱起这首歌，这不仅成为他们表达情感的方式，也成为他们追求勇气的象征。同时，学生纷纷提交了以"勇敢的我"为主题的心理画，这些画作内容细腻、情感真挚，展现了学生在成长过程中所经历的勇气时刻和心路历程。

对于我们来说，《微微》的整个创作过程也是一次自我探索。曾经，我们也因为缺乏勇气放弃过；面对遗憾，我们也曾责备当时的自己。但有时，选择就在一念之间。在后来面对自我怀疑想放弃时，耳边总会响起影子的话"微微，你是微微啊，而且我会陪着你，一起加油！"，让我在众多的念头中，坚定地做出和微微一样的选择，勇敢迈出那一步。

《微微》，就像在心里埋下的一颗种子，默默地积攒能量，在未来的某一刻，让我们勇气大爆发！

第三节 专家解析和优化

本剧是北京市朝阳区花家地实验小学心理教师余巧玲带领学生团队创作的，亮点十足，可圈可点。余老师带领团队以非常认真的创作态度完成了这个故事，虽青涩，但胜在真诚，在本校演出时曾获得了较好的反响，在北京市中小学心理情景剧比赛中也获得了较好的成绩。

判断一部心理情景剧是否优秀，可从三个维度考量。

首先，看主题。优秀的心理情景剧主题清晰明确，且契合主流价值，如聚焦校园社交、亲子沟通等典型议题，让观众快速捕捉核心内容。

其次，看效果。一部优秀的心理剧需兼具"真实性、疗愈性、教育性和感染力"。只有剧情贴近生活细节引发共鸣，再通过角色故事疏导情绪，传递可实践的心理调节方法，才能打动观众。

最后，看创编方法。完整的心理情景剧应包含"呈现症状—探索原因—转化症状—升华主题"四个创编部分。在呈现症状时，是否能将要表达的内容展现出来；在探索成因时，是否具有较好的逻辑性和深刻性；在转化症状时，是否能够体现"矫正性情感体验"的治疗原理；在升华主题时，是否蕴含有非常清晰的心理健康知识点。

以下围绕着三个维度对《微微》这个剧本进行解析。

一、主题解析

主创团队在选择主题时花了不少心思，并考虑到两点：第一，选择什么样的主题，该主题是学生真实需要的吗？是他们的实际困扰吗？第二，围绕这个主题，应该选择哪些事件？这些事件具有代表性吗？能引起共鸣吗？为了实现第一点，余老师团队对学生来信进行了分析，发现"自我怀疑、自我否定"是阻止学生前进的障碍，为了探寻这种现象是否具有代表性，团队还进行了问卷调研，来获取故事素材。通过阅读学生的来信和问卷调研来进行故事主题和素材的确定，这是一种常见又方便的方法。团队的做法是值得称赞的，收集到的素材也具有较强的真实感。作者由此提出"微微向前一小步"或许是解决问题的良药，这个心理教育点也是非常积极的，因此将"微微"作为全剧的剧名，也颇具匠心。本剧从主题和素材选取上来看，已经具备一定的"真实性"。

但该剧仍有提升空间，搜集素材通常有四种方法：田野调查法、团体讨论法、访谈法和生态创作法，这四种方法共同的特点是跟受众面对面，这样不仅能够获取大量真实鲜活的受众反应，还能在真实场景下讲述鲜活的故事素材。相比之下，书信法和问卷调查法则难以捕捉受众真实的情感反应，得到的故事素材也会略显单调、不够生动。因此，建议主创在此工作的基础上，可以加入团体讨论法，让青少年谈谈身边真实发生的故事，这样不但能够收集到真实的故事，还能捕捉学生在讲述故事和听到故事时的真实情感反应，让故事的"真实感"更强。

回到主题提炼上，"缺乏勇气"是本剧想要描述的"症状"，是行为层面的，那为什么主人公会缺乏勇气呢？本剧给出的原因是"自我怀疑和自我否定"。比较遗憾的是，自我怀疑和自我否定也是行为层面的。其实不难看出，自我怀疑和缺乏勇气是一回事，只是用了不同的词来表述而已。就好像说一个人"心情不好"的原因是"情绪不佳"，它并没有起到解释的真正作用。因此，我们不禁要深入探索一下，为什么会产生自我怀疑和自我否定呢？其实主创在学生的信里已经提到了"或是担心失败本身，或是害怕失败的后果"，内心深处觉得"我的能力还不够，我不行"。我们知道：行为背后是感受、观点。如果将"担心失败"或者"感觉我的能力还不够"作为"缺乏勇气"的原因，那么相应的主题将会更深刻，教育意义也将会更大。

二、创编内容解析

本故事的结构分为三段：先铺设三个有代表性的事件，再引发自我对话，最后升华主题。结构整体是清晰的，主创团队引入了心理剧中"替身"技术的演绎手法，将影子这一角色引入剧情，作为主角人格因素中的另外一个侧面，又引入了主题音乐来升华主题，使故事的演绎具有一定的感染力和艺术性。

本剧的可提升的空间也很大，首先是对症状或者"冲突"的描述，用三件事情来描述一个症状，这个方法是非常正确的，但这三件事情的描述是否和剧本原本想要表明的主题一致呢？让我们来看看剧本，以下是第一件事。

（西西和贝贝在座位上聊天，阳阳入场）

阳阳：早啊，西西；早啊，贝贝。

西西和贝贝（挥手）：嗨！（继续聊天）

（微微走进教室，看到西西和贝贝在聊天，动作迟疑了一下；随后径直走到座位上；影子坐在微微旁边的座位上，一直和微微做着相同的动作）

阳阳：早啊，微微。（看书）

微微（小声）：早，阳阳。

影子：微微，我们去跟西西聊会儿天？好久没跟她一起玩了。

微微：不去，你没看她正和贝贝聊得开心嘛。

影子：那有什么，一起玩呗，再说你和西西从小就是好朋友啊。

微微：算了吧，她和贝贝成为同桌后，都不找我玩了。

影子：所以我们才要主动找她啊。

微微：可是，我一进来，她看都不看我一眼，也不跟我打招呼，我感觉她也不需要我这个朋友了。

影子：唉，好吧……

从这个事件中我们能看到，微微退缩的原因是："不去，你没看她正和贝贝聊得那么开心嘛"，还有："我一进来，她看都不看我一眼，也不跟我打招呼，我感觉她也不需要我这个朋友了"这些台词都体现了微微不愿意主动交往的原因是：她希望被平等对待，希望"有来有往"。可以看出，微微的症状并非"自我怀疑"，所以这个事件对主题几乎没有贡献！下面我们来看第二件事。

老师：同学们好！今天要评选出咱们班的音乐课代表，协助老师组织文娱活动，大家可以商量一下，也可以毛遂自荐哦！

阳阳：微微，你去当课代表吗？

微微：我还没想好呢。

（阳阳参与后排两位同学的讨论）

影子：你怎么没想好呢，你唱歌那么好听，不是一直想当音乐课代表嘛！

微微：想是想，但我怕做不好。

影子：得先做了才知道能不能做好啊，还是先举手吧。

微微（把手按下）：算了，让我再想想！

影子：关键是，我想去啊。（用力举手）

微微（紧张，生气，把手按下）：不行，我还没做好准备。

影子：天啊，我为什么会是你的影子啊。

老师：好了，同学们，有谁想主动挑战音乐课代表的吗？

从这件事，我们不难看出，微微不举手的原因是她觉得自己还没有做好准备，这个原因与"自我怀疑"的主题接近，算是一个合格的事件，但对微微的"症状"所带来的冲突感略显平淡，观众并不一定能够感受到这种"没有做好准备"是怎样的异常事情，所以很难成为"症状"。

下面，我们来看看第三件事。

（妈妈在拖地，微微进入客厅）

妈妈：微微，回来啦，怎么感觉你不开心啊！

微微：没什么。妈妈，我想参加学校的合唱团。

妈妈：哦，一般什么时候排练呢？

微微：周五课后服务的时候。

妈妈：那个时间不太合适啊；还有两个月你就要钢琴考级了，我问钢琴老师了，她当时刚好有时间，你看，要不下次有机会，再参加合唱团？

微微（失望、伤心）：可是……我真的很喜欢唱歌。

妈妈：但这次考级也很重要，时间真的不够了，考完之后再找机会好不好？

微微（大声、生气地说）：考完了这次，还会有新的考级，永远没完没了，我真的好想去做自己想做的事，我真的受够啦！

（妈妈、微微均愣住了，微微也不知道自己怎么这样对妈妈说话）

妈妈：你今天怎么这么跟妈妈说话，发生什么事了吗？

影子：没朋友，没当上课代表，不能参加合唱团。

微微：对不起，妈妈，我……让我自己待一会。

妈妈：好吧！

（离场，灯光暗下来，呈现第二幕）

这件事很简单，微微想参加合唱团，妈妈希望她把时间用在钢琴上，微微伤心之后就变得很愤怒，对妈妈发了脾气。通过这件事，我们看到一个"委屈"的微微反抗的过程，但好像与想要表达的主题"自我怀疑、自我否定"关联性不大，因此，对主题的贡献也几乎为零。

除此以外，首先，本故事还缺少了对于症状真正原因的探索，我们按照"呈现症状、探索原因、转化症状时和升华主题"这个创编公式来对标，明显本剧少了"探索原因"这一个整体模块，"腰部"的力量略显不够，使后面的转化不能体现出"矫正性情感体验"，无奈只能通过描写大量冲突性的语言对白来增强故事的张力，最终在升华的部分就显得不太自然，比较说教和牵强。其次，在讲故事的方法上，几乎全是对白，缺乏戏剧性的动作和情节，大段语言对白的剧本，如果台词不够吸引人，对于观众来说，这场剧的观赏性就会大打折扣。

三、剧本优化和调整

根据上面的分析，我们可以对剧本做出调整。首先是主题，秉承一个主题清晰地表达一个心理原理的原则，结合同学们提供的素材，我们知道微微需要克服的"症状"是"自我怀疑"。对"自我怀疑"的原因探索，我们可以定义为"害怕自己会失败"，由于对"失败的过度担心和焦虑"使主人公缺乏勇气，陷入了"自我怀疑"，这样所有的情节都合乎逻辑了。鉴于此，我们让表达症状的三件事，都围绕这一个特征描写，同时我们可以多一些动作和情节语言，用一些相对"异乎寻常"的事件来增加"冲突感"，提高本剧的观赏性，修改如下。

(无背景，影子的独白)

影子：大家好，我是微微，确切地说，我是微微的影子。和其他影子一样，从小，无论微微做什么，我都得做同样的事。但随着慢慢长大，我觉得越来越没劲了，很多我想做的事情，她都不愿去做。不信，你们看……

（第一幕） 微微的问题

▶ 场景：教室

(热闹又欢快的背景音乐下，微微走进教室，看到西西和贝贝还有其他同学在聊天、在跳舞、在打闹，一片欢声笑语，微微在一个角落入座，影子也坐下，很快影子就起身，想要拉着微微走向人多的地方，微微抵抗，激烈的背景音乐起)

影子：微微，那里好热闹，我们一起去玩，一起加入他们！

微微（朝着反方向抵抗）：我不去，他们肯定不会欢迎我的！

影子：不会的！西西也是你的朋友啊。

微微（朝着反方向抵抗）：我不去，我上次约她上街，她也拒绝我了！

影子（大叫着并拉着微微）：快去啊！他们聊的还是你感兴趣的话题！

微微（朝着反方向抵抗）：我不去，这个话题，我知道的不多，我还没有做好准备！

影子（情绪低落下来）：唉，好吧，那就不去吧……（音乐音量降低）

（上课铃声响，老师上场，所有同学坐好）

老师：同学们好！今天要评选出咱们班的音乐课代表，协助老师组织文娱活动，大家可以商量一下，也可以毛遂自荐哦！

阳阳：微微，你当课代表吗？

微微：我还没想好呢。

（阳阳参与后排两位同学的讨论。激烈的背景音乐起）

影子（起身，拉微微的手）：微微，快举手！你一直想当课代表的！

微微（被拽起来，又拼命坐下，摇手）：不不不，万一我选不上怎么办，我不敢！

影子：微微，快举手！你看，阳阳想要举手了，给自己一次机会。

微微（被拽起来，又拼命坐下，摇手）：不不不，万一没选上，大家都会嘲笑我，多可怕！再说我成绩也不够好，肯定做不好！

影子（继续起身，拽着微微）：微微，先做了再说，不做怎么会知道自己做不好呢？

微微（被拽起来，又拼命坐下，摇手）：我不敢，我还没有做好准备，让我再想想。

影子（情绪低落下来）：唉，好吧，那就不举手吧……（音乐音量降低）

（妈妈在拖地，微微进入客厅）

妈妈：微微回来啦，怎么感觉你不开心啊！

微微：没什么。妈妈，我想参加学校的合唱团。

妈妈：哦，一般什么时候排练呢？

微微：周五课后服务的时候。

妈妈：那个时间不太合适啊；还有两个月你就要参加钢琴考级了，我问过钢琴老师了，她当时刚好有时间，你看，要不下次有机会，再参加合唱团？

微微：哦，好吧，妈妈，我……

（激烈的音乐起）

影子：微微，别放弃，你喜欢合唱，向妈妈争取啊！

微微（朝着反方向抵抗）：不，我不敢，妈妈肯定会拒绝我的。

影子：不会的！你试一试啊！

微微（朝着反方向抵抗）：不要，她还会生气，她生气时很恐怖，我受不了的！

影子（大叫着并拉着微微的手）：微微，你试一试，可以讲道理啊！

微微（朝着反方向抵抗）：不要，我还没有做好准备，与其惹她生气，还不如牺牲我的爱好！

影子（情绪低落下来）：唉，好吧，那就不争取吧……（音乐音量降低）

经过上述的修改，我们可以看到，三段情节虽然是不同的故事场景，但是都围绕着同一个症状"不敢、害怕失败"来展开，而且增加了大量的动作语言和富有感染力的音乐烘托，使故事更有戏剧张力。在冲突描述的风格上，采用了一种"程式化"的重复性戏剧语言，令剧情紧凑，主题更明确，观赏性更好。

除此之外，在描述好症状之后，我们还要问一个问题：为什么主人公如此"害怕失败呢"，为什么别人不会害怕，而她会害怕？或许是因为她曾经经历过不能承受的失败，或者说她曾经被要求不能有任何失败，这种经历可以是家庭里发生的故事，也可以是学校同伴交往中的经历，单独给这个故事一个完整的原因探索模块，在疗愈或者转化的环节时，我们可以让微微经历一件看起来"失败"，但并不需要其承受重大代价的事，来产生矫正性的情感体验，最终实现疗愈，这样就可以升华我们的主题："只要微微尝试一下，或许一切将非常不同"。

第五章

情绪管理主题

——创编实例解析 2

第一节 原创剧本《如果能再努力一点》

(该剧获得 2024 年中小学校园心理剧大赛区级中学组二等奖)

一、人物简介

A：主角——王佳彤，一名普通的高一学生，学习努力，踏实稳重，却常因父母的压力、同伴的比较和自身的学习焦虑陷入负面情绪无法自拔。同时，青春期的自我否定也让她陷入痛苦漩涡。后经替身觉察倾听自己内心的声音，与自己的焦虑和解。

A′：王佳彤的替身，让王佳彤从第三人的视角觉察到长期自我否定、"被比较"给内心带来的痛苦，替王佳彤吐露内心压抑的情绪，二者互相鼓励，最终接纳自我，找到自己的学习、生活节奏。

B：学霸——李依伊，王佳彤的同班同学，她是一位德智体美劳全面发展的好学生，也是很多同学羡慕的对象。面对自己的负面情绪能够找到合适的方式去纾解。

C：石红，王佳彤的好友，她平常也很羡慕李依伊的成绩和长相，也很同情王佳彤的遭遇，经常鼓励王佳彤。

D：王胤，王佳彤的父亲，一直认为王佳彤学习成绩不好是沉迷手机导致的。

E：陈思，王佳彤的母亲，对王佳彤的成绩非常担心，经常拿她和李依伊作对比。经与黄老师沟通后，与王佳彤促膝长谈，表达父母的支持与爱，鼓励佳彤与焦虑和解。

F：黄老师，王佳彤的班主任，平常很关心同学们的心理状态，她很欣赏优秀上进的李依伊，同时也会关照在班里不太显眼的王佳彤。在王佳彤遇到焦虑问题时，及时地给予了帮助。

G：其他同学。

H：学霸李依伊的母亲。

二、剧本内容

第一幕　考试危机

▶▶ 场景：教室

旁白：一天早晨，学校里又迎来了一次十分重要的考试。王佳彤为了这次考试挑灯苦读了很久，可刚做上几道题，手中的笔就停了下来。

A：（画外音）（抓耳挠腮，深呼吸，不停地看时间）啊，这道题明明练了好多遍，为什么我什么都想不起来。

（考试结束，铃声响起）

A：（无力地放下手中的笔，失神地看着自己的答题卡被收走后，趴下）

（镜头一转，同学们都聚到 B 旁边对答案）

G：依伊啊，这道题你会吗？我刚做到一半就卡住了。

（A 微微抬起头，看向人群那边）

B：我看看哈……（沉思一会）哦，这道题你的思路是对的，咱们在这块用一下点代平方差，你看，这样化简一下，式子一下就简洁了。

G：（埋头演算）嗯？确实是，那我就会做了，谢谢你呀，依伊，你数学学得真好！怪不得每次考试都能考第一，思路太灵活了！我刚刚怎么就想不到这些呢，明明学的东西都一样……

B：我觉得应该是心态问题，也许当你冷静地面对考试，就能轻易地想起做题思路啦。

G：嗯，谢谢你，依伊！我看看有没有什么解决方法，不打扰你了，我先去打球啦！

B：嗯，好的！平常要劳逸结合才能提高效率呀！我跟你一起下楼，跑两圈去！

（视角转到 A 正打着哈欠，她若有所思地看着 B，然后又缓缓地沉下了头）

第二幕　成绩阴霾

▶▶ 场景：王佳彤家中

旁白：过了几天，学校下发了考试成绩单，不出意外满目飘红。王佳彤伤心地回到家，见到父母一脸严肃地在沙发上。

D：（生气，指着A）你看看你，这次怎么又考这么少？你上次怎么和我保证的？

A：（抽泣，不说话）我……我考前没睡好。（挤出一句话）

E：（焦虑，语速快）平常就不学习，玩手机，考前不睡觉你干什么了？你看看人家依伊，学习比不上人家，长相比不上人家，我平时给你报补习班，买辅导书花了多少钱？从不让你发愁吃穿，倒给你供出失眠来了？那我告诉你，你就是不努力！

D：（看了一眼E）我已经想好了，我们会没收你的手机。你平常玩手机的时间太长了，所以成绩才严重下滑！

A：（手足无措）我真的没怎么玩手机，而且我的手机也是用在学习上了。平常老师都把资料发群里的。

E：（起立逼问）怎么这么能狡辩？看来我应该早点没收你的手机！你瞅瞅你的成绩单，好意思说出这话吗？

A：你们为什么不信我？我真的不是因为玩手机考砸的！（失控大喊）

D：反了你了！（暴怒）谁教你这么对你妈妈吼的？（推倒在地上）（转头看向D）这就是你的好女儿！（摔门而出）

E：（面露难色）爸爸妈妈的话是比较重，但我们是真为你着急，你自己也好好想想吧。（离开，留下A一个人呆呆地坐在地上）

▶▶ 场景：王佳彤卧室

旁白：王佳彤失魂落魄地回到屋里，呆呆地趴在桌子上。

A：（和C通话，哭泣）红红，真的好难过……我是不是太不自律了？

C：怎么了彤彤？不哭不哭。

A：（抽泣）我……我这次考试又没考好……爸妈又把我训了一顿……还说是因为我玩手机造成的……说我不努力。

C：啊？我真的感觉你平时已经很努力了，每天都学到那么晚呢，是不是考前太紧张了？

A：（哭得更凶）呜呜，我这次考得太差了……我就是不够自律，经常管不住自己……真的好羡慕李依伊啊，不仅学习好长得还好看……

C：唉，谁说不是呢，人好看就算了，还天天运动健身，保持身材。

A：我的头发最近老是掉，我感觉都要秃了，每次洗完头，都掉好多头发……

C：彤彤啊，你困了吗？（打了个哈欠）都十一点了。

A：红红，我睡不着……没事你先睡吧，我去复习，如果下次再考这么差，我就真的要"死了"……别说是我爸妈，我自己也不能放过我自己。

C：嗯嗯，你注意休息啊，一定要劳逸结合，要不然学习效率会降低的……（声音渐沉，倒头就睡）

A：（等待）……嗯，晚安。

旁白：挂断了电话，石红早早地进入了甜美的梦乡。而王佳彤却还在挑灯苦读，愁眉不展。

（王佳彤埋头读书，下面依次是三个人代表其内心压力分别诉说，每个人一说完就往王佳彤身上盖一层黑布）

压力1：我焦虑，因为我对自身实力感到不自信，还有父母对我的期望和繁重的学业压力，让我看不见的未来……我焦虑，越来越焦虑，直到焦虑如影随形。（抱头蹲下）

压力2：不知从何时起，我逐渐收敛了自己。我开始变得沉默，不再和朋友们热烈地讨论问题，不再和家里人讲述我在学校发生的一切，不再关心周围的变化。（背过身比叉）

压力3：哪怕站在人群里，我也常感孤独。我仿佛被单独放在了一个昏暗的真空罩里，我觉得亲人、朋友好陌生，这个世界好陌生，甚至自己也好陌生。（躺下）

A：（画外音）（不堪重负地趴倒在桌子上）是啊，好像一切都变了。世界变得不再真实，我变得越发空虚，到底哪里才是出路呢……

第三幕 梦境突围

旁白：深夜里，王佳彤终于进入了梦乡。梦里，她来到了一个陌生的地方，看见李依伊垂头丧气地走了过来。

B：（哭泣）妈妈，我考砸了，我也不知道是怎么了，考试的时候大脑一片空白，我感觉自己啥也不会，都怪我不够聪明……

A：（小声叹息）唉，要被说了吧……（没说完）

H：（轻拍B的肩膀）没关系呀，你的努力妈妈平日里都看到了，我觉得这更有可能是你心态上的问题。不要陷入对自己的不满，想办法改进不足就好啦。

旁白：王佳彤在梦里看到这种场景，若有所思。忽然她一个翻身，一阵天旋地转，她又来到了学校。眼前是熟悉的教室，她看到角落里的自己在埋头苦读，另一边的李依伊也在奋笔疾书。

(此处王佳彤看到另一个自己 A′身上披着黑布，旁边放着一把空椅子)

A：(看到 B 在奋笔疾书，叹气) 唉，不愧是大学霸，效率真高啊。果然还是我不够努力，我要是像她一样就好了。

B：(又写了几笔，畅快地放下了笔，伸了伸懒腰) 哎呀，写得真痛快啊！学习了这么久，该去休息一下啦。石红，王佳彤，走啊，打球吗？

C：好啊好啊，一起去吧彤彤。(站起身)

A′：(摆了摆手) 我就不了，感觉作业要写不完了……

B：啊，好吧。不过要记得休息哦，拜拜啦。

(球场上，洋溢着 B 和 C 的欢声笑语，A′低着头，书页久久没有翻动，她望着窗外)

A：原来学习之外的生活这么美好啊，真羡慕。不过这样真的不会耽误时间吗？

旁白：打完球以后，李依伊回到班里再次坐下开始写作业，平日里王佳彤要写一两个小时的作业，李依伊很快就写完了。

B：(放下笔，活动活动手指和脖子) 哎呀，果然打完球效率提高了很多。写完这些作业还空出来好多时间呢，这下回家就可以干一些别的事情啦。

(B 收拾书包离开，教室里只剩下 A′还在埋头苦干，A 盯着 A′沉默了一会，走了过去)

A：(坐到空椅子上，看着蒙着黑布的自己) 累吗？

A′：(停下笔) 当然……但是我不能停下来，繁忙的学业，父母的期望，我的未来，都在每分每秒的时间里。

A：(看着 A′) 其实有时候我在想，每天如此紧绷就一定会成功吗？点燃自己的身体，压抑自己的情绪，这样换来的真的一定会是成功吗？

A′：我也不知道怎么办才好，我试了无数方法，好像只有这样牺牲一切，才能感受到我在努力，才能压住那颗躁动不安的心。但是我好累啊，真的好累，是不是我根本就不适合学习。(啜泣捂脸)

A：(拍拍 A′的肩膀，轻柔) 刚刚我才发现，原来我们一直都活在李依伊努力的影子里，却没有看到她影子之外有血有肉的自我。(顿了顿) 你每天都在努力学习，放弃自己的爱好和休息时间，这种毅力也是一种付出呀。

A′：(抬头，眼神迷茫) 可是就像爸妈说的，付出没有换来好成绩，我感觉自己只是"假努力"罢了。

A：（伸出手看看因长期握笔变形突出的手指）我想我们的努力是有价值的，只是还没到开花结果的那一天，于是我们把那些汗水也一并忽视了。自我牺牲也是为了让自己更优秀，可能我们需要调整一下学习方法，而不是一味地否定自己。

A'：（停止哭泣，动摇）调整学习方法？我……我从来没想过。

A：（鼓励地）是的，你一直在努力，但也许你需要找到更适合自己的学习方法，而不是活在别人的影子里。我们可以一起制订合理的学习计划，给大脑一些放松的时间；也可以问问身边的同学、老师，他们也能给我们支支招。

A'：（站起身）你说得对，我一直在否定自己，却没有想过要改变学习方法。也许我真的需要给自己一些时间和空间，去找到平衡。

A：（也站起来，鼓励地）你的每一次付出我都看到了，也许你也要学会欣赏自己。让痛苦不再聚焦，生活不再单调，我想或许只有这样，才能真正地缓解我们的焦虑，让我们收获许多。

A'：那这样是不是……不够努力呢？

A：当然不是，只有缓解了焦虑和压力才能越来越好呀。你已经很努力了，辛苦了。

A'：谢谢你，可你是谁呢？

A：（期待）我嘛……你掀开布就知道了。

A'：（鼓起勇气掀开黑布，面露惊讶，主动和 A 拥抱）让我们一起试试吧，王佳彤！

第四幕　走出怀疑

▶▶ 场景：学校

旁白：梦，醒了。

A：（A 从床上醒来，手里攥着那块黑布，她盯着手里的布，将布撕碎，扔在地上，语气坚定）从今天开始，我会更加相信自己，也一定能与焦虑和平相处！

（所有人依次上台）

F：彤彤啊，这段时间你越来越优秀啦。这次的年级荣誉榜上也有你的名字。老师真为你高兴。

A：（鞠躬）谢谢黄老师，多亏您和我，还有我的妈妈聊了这么多。

B：王佳彤，你深藏不露呀，找回了自己，以后你也是我的强劲"对手"啦。（A 和 B 击掌）

C：彤彤，我就说你的努力一定会有回报的，看着你越来越好了，我真高兴!（A 和 C 拥抱）

D：彤彤，黄老师跟我们聊了你的情况了，对不起，之前是爸爸妈妈冤枉你了，给了你那么大的压力，爸爸向你道歉。

E：爸爸妈妈以后会认真倾听你的想法，不会再随便把你跟别人比较了。在我们心目中彤彤一定是最棒的。（A 握住父母的手）

A′：彤彤，你真棒。

A：王佳彤，一直以来辛苦了，你是我见过最努力的人。

A 和 A′：以后，请多多指教。（握手）

第二节　创编思路实录

不知道高中心理老师是否有这样的体会，想在高中开展真正对学生有所助益的心理活动，实非一件易事。没有时间、人手、场地，学生的参与意愿不强，像一座座大山横亘在我们面前。区级心理情景剧征集活动的出现像石缝中透过的一缕阳光，让我们找到了抓手，也让我们和学生共同完成了一次心理蜕变。

即兴戏剧入门时常常会体验"Yes And"活动，"Yes"的本质是接纳、接受，建立正面连接；"And"则是拓展、延伸，创造更多可能。我们非常喜欢的一个活动是"一棵大树"：由一位同学扮演大树，第二位同学扮演树上的一个物体，第三位同学接纳现有的画面，并在此基础上添加物品，以此类推直至完成。

心理情景剧的创编也如一棵大树，从根到叶，每一部分都紧密相连、互相成就。首先，最为重要的便是"树根"——主题选择，它是整部剧的核心，决定了剧的方向和深度，也是让众多创编者思路协调统一的"锚"。其次，整部剧的"树枝"——选择怎样的事件，在这个部分突出主人公面对的冲突、自身优势和问题转换，让事件紧密地为主题服务。再次，主要脉络和框架，为了让"树"生机勃勃、枝繁叶茂，语言的选用非常重要，如何以简单的语句去呈现澎湃的感情，如何用寥寥数语去勾勒主人公的转变，在这个过程中我们做出了许多尝试。心理情景剧不仅需要对剧本的文字进行雕琢，还需要以表演的形式呈现出艺术效果，因而如何用丰富的舞台演出让内容、效果"富有感染力"也是我们非常关注的，就像枝叶间点缀的"小花"，不起眼却在不经意间散发诱人的香气，让观众沉浸其中，产生情感共鸣。最后，便是这棵树结出的"果"，即这部剧给所有的创编者和演出者带来了怎样的触动，展演后效果如何？

接下来我们就围绕五个部分讲一下创编思路。

一、探根：主题选择

想要创编符合学生内心真实需求的心理剧，便要先接近、了解他们的生活。于是，在"情绪对对碰"这节课中，我们针对最困扰高一、高二学生的是哪种情绪展开了调查。调查结果令人深思，"焦虑"一词出现的频率高达 75%，它如同一张无形的网，罩位了着每一个渴望成长的心灵。学业上的重负、同伴间的无形竞争、人际交往的微妙复杂、亲子关系的如履薄冰……每一个点都可能成为焦虑的源头，有学生形象地比喻道："我就像一只蜘蛛，不断地在织网，却不知道为何而织，最终也把自己捆在了这张网中。"

这背后，隐藏着怎样的秘密呢？心理辅导室里，一声声低沉而沮丧的"我不够好"如同冰层下的暗流，涌动着无尽的自我否定与挫败感，也道出了原因。作为区里的强校，每一位在校生都是众人眼中的佼佼者，但同时他们也背负着更为沉重的压力——高考的重压、父母和老师的期盼、同伴的激烈竞争、自我的高标准……这些重负缠绕在一起，让人深陷其中难以自拔；而他们是多么想改变现状，挣得一次喘息的机会。

到了高中，许多学生不再轻易将心事向朋友和家长吐露，而是选择将一切压抑在心底，任由这些情绪不断发酵、膨胀。习惯性地消极归因，让他们在面对挫折时更容易陷入自我批判的漩涡，事后又反复咀嚼那些痛苦的经历，不断批判那个已经疲惫不堪的自己。一轮又一轮考试未能获得正向反馈的恶性循环，往往成了"压死骆驼的最后一根稻草"。

小云是这群学生中的一个，第一次见到她时，她戴着大大的口罩，双肩紧紧内扣，显得很局促。交流的过程中她几乎声泪俱下地把自己批判得体无完肤："没有学习的天赋""不自律""知道不好但特别羡慕比自己优秀的同学""什么都做不好"……几次交流后，小云虽然从认知上有所改变，但是在实际行动中总是习惯性落入"自我否定"的窠臼。于是，我们决定邀请小云作为我们心理剧的主要创编者之一。尽管有些羞涩，小云还是答应了我的邀约，我们也看到了她想要改变的强烈渴望。

像小云这样的学生不在少数，他们在焦虑和无助中煎熬、挣扎，"牺牲"一切努力学习却并没有取得理想的成果，反而是在"被比较"和"自我苛责"中把自己推向了痛苦的深渊。每年学校的心理测评数据中，"自我怀疑"和"反刍"的不良情绪调节方式占比高居不下，与之相对应的是较高的学业依存自尊和严重的考试焦虑。在与心理社的学生们商量后，我们将主题聚焦为"焦虑"情绪和背后的"自我苛责"，想通过心理剧呈现学生从自我苛责到自我关怀，正视自己的焦虑最后达成和解的心路历程，也带给有同样经历者心灵的共鸣和抚慰。

二、寻枝：事件选择

定好了主题，便要选择合适的事件来回扣主题。由于是在心理社开展的活动，我便将这个任务交给了心理社的学生们，让他们去调研、访谈身边的同学，选出具有代表性的事件。小云作为主要创编者，也活跃其中。诚然，最后从人物形象的塑造到事件选择不少地方都带着"小云"的影子，虽在普适性上稍弱些，但整部剧都凝结着社团学生们的心血，因而极为真实、情感真挚。

1. 人物画像

到底要树立一个怎样的主角形象呢？在讨论过程中学生们细致入微的观察和强大的自我觉察能力让我惊叹，原来只要给他们一个舞台，他们就能发挥无限潜能。最终，结合访谈和两位主编的意见，我们确定：该人物的性格属于踏实、认真的类型，在班级中不张扬甚至隐隐有点"小透明"，平时心思敏感，很在意外界评价，容易陷入自我内耗。但同时，她又有着极强的韧性和敏锐的觉察力，善于吸纳身边好的建议来进行自我调整。自此，"王佳彤"的形象逐渐丰满起来。学生们在商讨的时候不约而同地提到了无形的同伴竞争，于是对照组——学霸李依伊应运而生，作为外部支持资源的好友石红的形象也同时出现。高中阶段时常被学生们提起的还有亲子关系——焦虑的父母撞上焦虑的孩子，往往是两败俱伤，于是我们又创造了父母的角色。随着主要角色渐渐成型，如何结合角色将几个事件紧密串联起来又成了大问题，每位同学的关注对象不同，呈现的事件也不相同。本着"探根"的思路，我们最终确定了三个具有代表性的事件。

2. 矛盾与冲突

事件1：因考试时紧张、焦虑无法发挥出应有的水平，恶性循环导致低学业效能感，认为自己"不努力""不适合学习"。

事件2：对班上有各方面都很优秀的同学，心生嫉妒；又对自己的嫉妒心有所不齿，认为自己"卑劣""不够好"。

事件3：因成绩不佳被父母误解，发生争执，被批评后陷入自我苛责，不断认同"自己不好"的观点，陷入情绪内耗泥潭。

这三个事件围绕着焦虑所呈现的三种方式：考试焦虑、同伴比较焦虑和亲子关系焦虑，冲突背后所隐藏的则是主角的自我苛责和情绪压抑。事件1和事件2是诱因，而事件 3 与父母的争执则是让主角情绪彻底爆发的导火索。借由"崩溃"的契机主角也开始从另一个视角审视自己的生活，去关注一直被忽略的内在感受，在逐渐与自己和解的过程中找到生活与学习的平衡点，亲子关系随之改善，从而能够以更加积极的视角去看待同伴竞争。

3. 个人转变

个人转变是创编过程中让我们倾注心血最多的部分，如何让观众从入景到入情直至撬动内心的觉醒和行动，主角的自我探索是完成这一目标最为关键的部分，也是最能衡量心理能量释放和心理技术运用是否得当的标尺。在这一环节，通过反复思量和打磨，我们最终使用了替身技术和镜像技术，让观众直观感受到主角内心力量的觉醒和成长。

三、绘叶：丰富故事内容，充盈角色细节

确定好了角色画像和故事梗概，接下来就是丰富故事内容，添加更多的细节让心理剧更加生动、贴近学生的日常生活和细腻情绪。为此，我们主要做了三次尝试。

在第一次尝试中，我们过度描绘主角考试时的焦虑与紧张，却忽视了与后续亲子冲突的和主题的紧密联结。那单纯的情绪渲染，如同浮萍般无依无靠，难以触及主角内心深处的自我批判。考试的紧张并非源自题目的艰涩，而是她内心深处对自我能力的怀疑，以及过往失败经历的留的阴影，让她在考场上陷入了一片空白。而亲子冲突的爆发，本应成为她情绪宣泄的出口，却因笔墨不足而显得苍白无力。

于是，在第二次尝试中，我们加大了主角与父母的冲突这部分的比重，试图以外显的冲突去感应主角内心的汹涌波澜。然而，新的问题却悄然而至。由于指导者和学生都是刚刚接触心理剧，对心理剧技术的运用还不娴熟，造成前半部分冲突事件的情感烘托已到位，后半部分的个人转变却显得生硬难以引起学生共鸣，我们反复更改形式写了几遍，都觉得"道理我都懂，但实际很难做到"，说教味有些浓。这让主创者小云压力倍增，每次开完讨论会后都要来找我打磨细节；社团成员的意见分歧也让创编之路步履维艰，工作一度陷入僵持。我意识到，也许我们都在这个时刻陷入了"自我苛责"的怪圈，无法自拔。

在接下来的社团活动中，我们放弃了继续和剧本较劲，而是转为用一人一剧场

和身体雕塑的方式体验情绪的释放，把思维碰撞中的不满和焦虑以这种形式表达出来。这一转变，如同春风拂面，让社团成员们从剧本的桎梏中解脱出来，绽放出轻松愉悦的笑容。我们也重整旗鼓，以全新的视角审视故事，决定运用"替身"与"镜像"技术，来呈现主角的内心转变。

第三次尝试中，我们决定在主角崩溃后，利用三个"压力替身"和"黑布"来表达主角压抑的内心；她的挣扎与痛苦，愤怒与不甘，在替身的演绎下被形象地表现出来。在随后的梦境环节，我们巧妙地运用镜像技术，让辅角代替主角学习生活；主角则在一旁静静观察，如同面对一面镜子，深深地审视着自己的内心。在这一过程中，她学会了以自我关怀的方式去理解自己的痛苦与焦虑，勇敢地开始了改变学习方式的尝试。

印象最深的是在撰写镜像对话的环节，起初创编者总觉得写出的句子生涩僵硬，想要做到"自我关怀"，但对社团成员们来说都不是很适应。因此，我们将自己代入王佳彤的经历，假如我们是她最要好的朋友，为她写一封信；然后提出了更高的要求，以自己近期的生活为蓝本，像最好的朋友一样给自己写一封信。从一开始的抓耳挠腮到后面的文思泉涌，在"沙沙"的落笔声中，每一位参与者都在温柔地与内心对话。经过同意，我们将一些学生语言用于剧本中，以下为部分记录。

学生1：你已经很努力了，只是还没到花开结果的那一天，多给自己一点时间吧。

学生2：真的要劳逸结合，保障睡眠，听起来很俗套但是做了真的很有用；睡得太晚第二天效率不高反而形成恶性循环。

学生3：一切都是有意义的，不要过度追求最后的结果，而是把人生拆分成一个个的瞬间，去感受一切。

学生4：我也经常感到很焦虑，身边的人都好厉害，羡慕是人之常情；还是要看到自身价值，一定可以的。

这些话语源自内心的力量，不是简单粗暴地说："你可以的"，而是温柔又坚定地像自己最好的朋友一样，去觉察每一种情绪感受，去感知情绪背后想要被肯定、被爱的需求。以友善的态度对待自己，允许自己暂时不那么优秀；去体谅自己的疲惫，将"想要变得更好"变成正向的驱动力，让积极的情感流向内心。当从自我关怀的视角看待自己时，我们也能更加及时地听到和回应内心的需求，在休息和行动中找到平衡点，与焦虑和解，消除人际关系中的摩擦。

四、绣花：打磨演技，完善舞台

剧本成型后，接下来便是通过演绎去展现舞台魅力。学生们特意抽出时间，利用短暂的午休在空教室一遍一遍打磨演技；遇到人员缺位，其他同学便自发补上，几轮练习下来，几个主要角色不仅将自己的台词记得滚瓜烂熟，也对他人的台词了然于心。

稍显不足的是，台下唇枪舌战、字字珠玑的主创们到了台上反而羞涩内敛，手足无措起来，我们也意识到在最初剧本创编时只考虑了情绪却忽视了肢体动作的设计。于是我们对剧本进行了紧急修订，增加了大量直观的肢体语言，为情感表达增添深度与层次。

由于高中生特有的情感内敛，在演绎亲子冲突和镜像对话这些关键场景时，几位小演员在情绪的拿捏上总是显得生涩。于是，我们带着学生们放飞自我，从夸张的戏精配音到脑洞大开的 OH 卡剧场再到千奇百怪的身体雕塑，一步步深入体验情感的释放，力求在舞台上展现出最真挚、最动人的情感。在镜像对话这一高潮环节，台下的创作者们屏息凝视。看到主角与替身并肩而立，温柔而坚定地相互支持，许多同学的眼眶湿润，小云更是难掩激动神色。而当主角勇敢地揭下面纱与另一个自我相拥时，台下瞬间爆发出热烈的掌声。

为了使演出取得更好的效果，我们专门借用了小学部的大礼堂，保障播放背景和收音效果；直至半年后我还记得在前往礼堂的半个小时路途中，学生们难掩兴奋之情，嘴里念念有词，时不时还在路上对个戏以保证将最好的状态呈现在舞台上。后勤组精心设计每个环节切换时的 PPT 背景，给观众更沉浸的代入感。这得益于学生高超的拍摄和剪辑技术，使这场精彩的演出被完美地定格在视频中，成为我们共同难忘的回忆。

五、结果：启迪心灵，自我探索

1. 表演者的感受

对心理剧的创编者、参演者而言，每一次剧本的修改、排练都是一场深刻的自我发现。借由创作和角色代入，他们沉淀下来去倾听内心真实的声音，去接纳那些或好或坏的情绪，在这个过程中逐步认识与拥抱真实的自我。同时，他们努力跨越界限，学习如何更有效地共情他人，勇敢表达自我，并在团队协作中磨砺成长，共同编织出一幕幕心灵共鸣的精彩篇章。以下节选了部分创编者和参演者的感受。

创编者小云：之前我觉得要"好好爱自己"这样的话很空，也觉得自己不可能成为那样的人。但当我回顾这段经历，发现当我决定加入创编团队的那一刻起，我就拿出了我的勇气，愿意去剖开自己的内心并做出尝试，可能并不是每个人都能做到。在团队里我特别幸运地交到了好多朋友，这也让我开始正视身边的"宝藏"，向他们请教好方法，一起变得更好。

导演小溪：其实每个人都会有艰难、想要放弃的时刻，写这部剧的初衷也是因为身边有很多人，包括我自己，都曾陷在自我苛责的漩涡里，花了很多力气却看不到前路。我想让这些人知道他们并不孤单，黎明前的天空最黑暗，但天空也马上就要亮了。

"王佳彤"扮演者：我拿到剧本的时候感觉台词好多啊，尤其是最后的镜像对话全是大段的台词，有点小崩溃。不过真的读进去以后发现这里的很多话也是我内心真实的想法和感受，代入王佳彤的角色后，说出那些话的我也更有力量了。我也曾对他人评价和同伴竞争感到苦恼，演完以后也让我重新切换了视角去看待这件事，找到自己的节奏最重要。

"李依伊"扮演者：剧中的李依伊是个"十全十美"的大学霸，我却刚好相反，可能比较像王佳彤，也有点小透明。但是我发现看似完美的李依伊也会有焦虑、痛苦的时候，只是她能很快进行自我调节而不是一直陷在里面，这点很值得我学习。

"母亲"扮演者：扮演隔辈角色还挺有压力的，特别在亲子冲突环节母亲的形象还比较暴躁，演出的时候导演一直说要"够凶"才有效果，还好最后表现不错。我也把这个剧本给父母看了，也聊了很多；剧本比较夸张，这么极端的是少数，但也有不少父母的确对孩子诸多挑剔，而孩子想要的很简单，仅仅是信任和关爱；但如果真的很难从父母那获得这些，就好好地爱自己吧！

2. 观众观后感言

在"5·25心理健康节"上，这部心理剧的精彩展演无疑为学生的心灵世界打开了一扇窗。这场活动不仅赢得了学生的好评，更重要的是，它在学生心中播下了倾听与表达的勇气的种子。你们——无论是叫"王佳彤"的你，还是我，甚至是每一个人，在生活中都难免会遇到艰难和挑战。但正如心理剧所展现的那样，面对困境，倾听自己内心的声音，是勇敢地走出阴霾、迎接光明的第一步。下面节选部分学生观看后的感言。

学生1：最喜欢的部分是王佳彤伏案读书，一个又一个人走过来为她盖上一层黑布，黑布是压力与痛苦的具象化，也代表着她内心越来越封闭与孤独。在梦中她带着一层层黑布旁观着她与李依伊的生活，在思考与比较中迎来觉醒。摘下黑布，迎来新生。虽然在现实中这样的蜕变并不容易，但她的转变也让我们看到了一种可能。做自己真正想做的事，承认自己的不完美，允许错误和失败，愿我们都能摘下黑布，拥抱生活。

学生2：不要因为别人的成果或进步自卑，每个人都有自己的特长和独特的思维方式，以及适合自己的学习环境，成长的速度也各不相同。只要在自己能力范围内付出最大的努力就好了，比过去的自己有进步就是成功。

学生3："冲破枷锁，重拾阳光"这是我看完之后的内心感受，这次的剧本真的很能引起我们的共鸣，也让我意识到探索自己内心、理解自己情感的重要性，明白学习不是一味地"卷"，从而封闭自己，与外界隔离；而是要劳逸结合，找到正确的方向。让焦虑的自己给崭新的自己一个拥抱吧，辛苦了，你已经足够努力了。

于我而言，这次心理剧的创编过程，无疑是一场在空白中孕育新生的奇妙旅程。起初，我怀揣着满腔的激动与兴奋，投身于这个充满未知与挑战的项目之中。然而，随着创作的深入，我也曾忐忑不安，面对创作的瓶颈与自我怀疑，内心充满了挣扎。

但正是这些起伏不定的情绪，使我更加深入地倾听自己内心的声音。我学会了在不安中寻找方向，在困惑中汲取力量。最终，当剧本逐渐成形，我心中的那份忐忑也转化为平和与接纳。

正如我所坚信的，总有一天，我们的付出会结出属于自己的果实。这些果实，可能是成功的喜悦，可能是人生的智慧，也可能是更加坚韧不拔的内心。它们或许形态各异，但无论以何种形式出现，都将是我们人生中最宝贵的财富。

第三节　专家解析和优化

　　本剧是北京市朝阳外国语学校易禹兵、夏梓芸、崔书郡三位老师带领学生创作的，成长是一个不断面对挑战与压力的过程，这个压力源无论是剧中主角面对考试抑或创作者面对瓶颈时刻，对压力的焦虑是人性共通的。

　　在这部心理情景剧中，我们看到了三位老师和同学们精准地认识"焦虑"背后的"自我苛责"声音的内化，剧里剧外王佳彤和她的原型人物小云实现了从"创伤叙事"向"成长叙事"的转化，接下来我们一起从主题价值上探讨一下这部心理情景剧

一、主题解析：焦虑与自我和解的深层探索

　　这部心理情景剧以高中生群体普遍存在的"焦虑"与"自我苛责"为核心主题，通过主角王佳彤的成长轨迹，精准切入了当代青少年心理健康的痛点。其主题价值体现在三个维度。

1. 焦虑的多元呈现与社会性隐喻

　　剧本通过考试失利、同伴比较、亲子冲突三个典型事件，将抽象的心理困境具象化。例如，考试时"点代平方差"的数学题成为焦虑的符号，李依伊的"全能学霸"形象则隐喻了社会评价体系下的"完美标准"。更深刻的是，剧中通过"黑布"的意象叠加（压力1至压力3的台词与动作），将内在情绪外化为可感知的生理性压迫，使观众直观地感受到焦虑如何逐渐吞噬个体的生命力。这种处理方式不仅符合心理剧的具象化原则，更揭示了焦虑的本质——它不仅是个人情绪的失控，更是社会竞争、家庭期待与自我价值认同失衡的综合产物。

2. 自我苛责的心理机制解构

　　主角A的"替身"（A′）设置是主题深化的关键。在梦境场景中，A与A′的对话实质上是"批判性自我"与"关怀性自我"的交锋。当A′说出"我感觉自己只

是'假努力'罢了"时，精准击中了青少年常见的"努力羞耻"现象——将失败归因于"不够纯粹的努力"，进而陷入自我否定的恶性循环。最终通过镜像技术实现的和解，展现了"自我关怀"的心理干预路径：承认努力的价值、接纳阶段性局限、重新构建评价标准。这种处理突破了传统说教式心理辅导的局限，用戏剧冲突演绎了认知行为疗法中的"思维重构"过程。

3. 教育场域的集体疗愈意义

剧中设置班主任黄老师作为外部支持力量，暗含了对教育系统心理干预机制的反思。相较于直接解决问题，黄老师通过"与家长沟通"的间接介入，体现了"生态系统理论"的实践——青少年的心理问题需要家庭、学校、同伴等多系统的协同支持。而结尾的集体谢幕（所有人依次上台表达认可），则建构了一个理想化的支持性环境，为观众提供了情感代偿：当现实中的"王佳彤"们难以获得即时反馈时，剧场的仪式感完成了集体层面的情绪宣泄与价值确认。

剧本主题价值明显，也有可优化的空间，其一是主题聚焦分散：考试焦虑、亲子矛盾、同伴比较三者并列，降低了主线深度，可以以主题"自我苛责"为锚点，通过三类事件逐层递进呈现其破坏性；其二，和解的逻辑稍显理想化，主角通过梦境顿悟实现转变，缺乏现实中的渐进性努力（如具体行动方法），可能会弱化实践指导意义。

二、创编解析：心理剧技术的创新性实践

该剧的创作过程体现了心理剧理论与教育实践的深度融合，其亮点与突破值得关注。

1. 参与式创作的双向赋能

在创编实录中，创作者提到的"学生主创主导、教师引导"模式具有示范价值。通过"情绪对对碰"调查确定主题、邀请真实个案"小云"参与编剧，实现了从"创伤叙事"向"成长叙事"的转化。这种参与不仅增强了剧本的真实性（如压力替身的台词源自学生书信），更通过创作过程本身达成了心理疗愈——当小云在镜像对话环节写下"一切都是有意义的"，实质上完成了对自身经历的认知重构。心理情景剧的"过程性价值"在此得到充分彰显。

2. 结构与人物

在冲突设计方面，该剧有两个层面：一是表层冲突，考试失利→父母责骂→同

伴压力，符合"压力叠加"模型；二是深层冲突，主角的"自我否定循环"（"假努力"标签→压抑情绪→效能感丧失）刻画到位。在这个层面存在的问题是：学霸李依伊的"完美形象"稍显单薄，其自身焦虑仅通过梦境片段呈现，削弱了对比张力。我们可以增加其脆弱面的日常细节，比如课间独自补笔记、体育课缺席补课等来递进。

在角色设计方面，该剧的角色立体、鲜明，具体表现在：一是主角王佳彤的内心挣扎细腻真实，但父母形象偏向"刻板化施压者"。建议补充父母焦虑的动机细节（如母亲翻阅育儿书籍、父亲深夜加班镜头），增强共情空间；二是好友石红的支持停留在语言安慰上，可增加行动支持（如分享笔记、陪伴运动），体现朋辈互助的实际价值。

3. 心理技术的戏剧化转译

剧本对心理剧技术的运用颇具匠心，体现在以下三个方面。

（1）替身技术。A′既是主角的分裂自我，也是观众的情感投射对象。当A′身披黑纱布时，象征被压抑的"阴影自我"；掀开黑纱布拥抱主角的瞬间，则完成了荣格心理学中"自性化"的隐喻。

（2）镜像技术。梦境中主角旁观李依伊与母亲的互动，实质是让观众通过"双重镜像"（主角看他人，观众看主角）反思自身处境。这种嵌套结构放大了心理剧的"镜映效应"。

（3）具象化手法。黑布、变形的握笔手指等细节，将抽象的压力转化为可感知的舞台符号，非常符合青少年认知特点。

4. 教育性与艺术性的平衡探索

主创团队通过三版剧本调整，逐步摆脱了心理剧常见的"说教化"困境。第一版侧重情绪渲染，第二版强化冲突但转变生硬，第三版通过替身对话与集体谢幕，用"情感逻辑"替代了"道德逻辑"。例如，母亲从"指责者"向"道歉者"的转变并未详细展现过程，但通过结尾的握手动作传递情感和解，既符合戏剧的留白美学，又避免了陷入家庭教育方法论的空洞讨论中。

三、剧本优化与调整建议

尽管该剧在主题表达与技术运用上表现突出，但仍存在可提升空间，具体体现在以下三个方面。

1. 人物弧光的深化设计

（1）配角功能强化。学霸李依伊的形象可增加"不完美"细节，如展示其运动受伤后坚持学习的场景，破除"天赋决定论"的迷思。其母亲的台词"你的努力妈妈都看到了"可延伸为"过程比结果更重要"，增强榜样力量的真实性。

（2）父母转变的铺垫。第二幕父亲推倒主角的动作过于激烈，建议改为"手重重拍在桌子上"的象征性行为，避免强化暴力解决冲突的错误示范，具体如下。

第二幕 成绩阴霾

▶▶ 场景：王佳彤家中

旁白：过了几天，学校下发了考试成绩单，不出意外满目飘红。王佳彤伤心地回到家，见到父母一脸严肃地坐在沙发上。

D：（生气，指着A）你看看你，这次怎么又考这么少？你上次怎么和我保证的？

A：（抽泣，不说话）我……我考前没睡好。（挤出一句话）

E：（焦虑，语速快）平常就不学习，玩手机，考前不睡觉你干什么了？你看看人家依伊，再看看你，学习比不上人家，长相比不上人家，我平时给你报补习班、买辅导书花了多少钱？从不让你发愁吃穿，倒给你供出失眠来了？那我告诉你，你就是不努力！

D：（看了一眼E）我已经想好了，我们会没收你的手机。你平常玩手机的时间太长了，所以成绩才严重下滑！

A：（手足无措）我真的没怎么玩手机，而且我的手机也是用在学习上了。平常老师都把资料发群里的。

E：（起立逼问）你怎么这么能狡辩？看来我没收你手机还是收晚了！你瞅瞅你的成绩单，好意思说出这话吗？

A：你们为什么不信我？我真的不是因为玩手机考砸的！（失控大喊）

D：反了你了！（暴怒）谁教你这么对你妈妈吼的？（手重重拍在桌子上，转头看向E）这就是你的好女儿！（摔门而出）

E：（面露难色）爸爸妈妈的话是比较重，但我们是真为你着急，你自己也好好想想吧。（离开，留下A一个人呆呆地坐在地上）

2. 心理技术的进阶运用

在第四幕和解场景中，可增设主角与"理想父母"的对话，运用空椅子技术完成未表达的情绪宣泄，使亲子和解更具心理深度。

压力具象化地动态呈现：三个压力替身盖黑布的动作可设计为"缠绕—收紧—覆盖"的渐进式肢体语言，配合音效（如心跳声放大）增强压迫感，具体如下。

▶ 场景：王佳彤卧室

……

（王佳彤埋头读书，依次上三个人代表其内心压力说台词，每个人一说完就往王佳彤身上缠绕一层黑布）

压力1：我焦虑，因为我对自身实力感到不自信，还有那父母对我的期望和繁重的学业压力，让我看不见的未来……我焦虑，越来越焦虑，直到焦虑如影随形。（抱头蹲下）

压力2：不知从何时起，我逐渐收敛了自己。我开始变得沉默，不再和朋友们热烈地讨论，不再和家里人讲述我在学校发生的一切，不再关心周遭的变化。（背过身比叉）

压力3：哪怕站在人群里，我也常感孤独。我仿佛被单独放在了一个昏暗的真空罩里，我觉得亲人、朋友好陌生，这个世界好陌生，甚至自己也好陌生。（躺下）

A：（画外音）（不堪重负地趴倒在桌子上）是啊，好像一切都变了。世界变得不再真实，我变得越发空虚，到底哪里才是出路呢……

三个压力替身渐渐收紧黑布，王佳彤随着黑布的收紧做出越来越窒息的动作，背景心跳声渐渐变大，紧迫感逐渐增强。

3. 结构张力的节奏调整

当前集体谢幕的"大团圆"结局可能削弱现实共鸣，可增加画外音："黑布碎片在阳光下闪烁，王佳彤知道，有些时刻它们仍会飘来，但她已准备好接住它们"。设置开放性结局暗示成长的非线性，增强余韵，具体如下。

（第四幕） 走出怀疑

▶ 场景：学校

……

A′：彤彤，你真棒。

A：王佳彤，一直以来辛苦了，你是我见过最努力的人。

A和A′：以后，请多多指教。（握手）

灯光渐暗，画外音响起：

"黑布碎片在阳光下闪烁，王佳彤知道，有些时刻它们仍会飘来，但她已准备好接住它们"。

这部心理情景剧的价值不仅在于体现青少年的心理困境，更通过创作过程本身构建了一个"安全的情感实验场域"。当观众为"王佳彤"鼓掌时，实质是在为每一个挣扎中的自我喝彩。若能在艺术表达上进一步深化对复杂人性的刻画，该剧有望成为学校心理健康教育的创新范式。正如创编者所言："黎明前的天空最黑暗，但天也马上就要亮了。"——这或许正是心理剧最动人的教育隐喻。

第六章
压力应对主题
——创编实例解析 3

第一节　原创剧本《破茧》

(该剧获得 2024 年中小学校园心理剧大赛区级小学组一等奖、市级二等奖)

一、人物简介

小胖（浩浩，主角）：喜欢吃零食、喝饮料，不爱运动，导致肥胖。因肥胖面临体育各项不达标的困境。

老师：用正向的方式引导浩浩等学生成长，是帮助主角建立自信的重要人物之一。

同学 A：对生活和朋友有积极向上的心态，帮助主角建立自信的重要人物之一。

妈妈：恨铁不成钢，缺乏科学养育知识。

爸爸：一位慈爱的父亲，虽不能给予孩子科学的养育，但在心理上与孩子亲近，与孩子站在一条战线上。

内心角色（9 个）：浩浩内心的各种情绪，它们真实地存在着，通过浩浩对各种资源的梳理与吸纳，正向情绪逐渐占上风，带领浩浩不断挑战与超越自我。

二、剧本内容

第一幕

▶ 场景：踢球

人物：小胖，同学们

地点：操场

小胖：大家好，我是田浩，人称"可爱小胖墩儿"，爱吃零食、爱喝饮料，但不爱运动，这不，就有了这个雅号。其实我最大的梦想就是减肥，我为此不知道做了多少次尝试。打羽毛球、踢足球、跑步、跳绳和游泳，但是没有一个能坚持下来。每次体能测试成绩都是不合格。哎！我真想瘦一点，哪怕一点呢。

同学 A：小胖，帮我把球踢过来！

（足球飞到了小胖的脚下）

小胖：嘿！

（小胖摔倒了）

所有同学：哈哈哈！

两名同学：（跑过来，将田浩扶起）浩浩，你没事吧？

第二幕

▶ 场景：摔倒后

人物：小胖

地点：操场

（内心角色依次独白）

小胖：哎呀，疼死我了！大家看吧，我就是这么一个没用的人，竟然连个球都踢不到。

（积极向上的情绪出现）

畅畅：我没事，刚才不就是摔了一跤吗？没什么大不了的。但是有一点要记住，每时每刻都应该有一个好心情，这才是最重要的。

（厌恶的情绪出现）

厌厌：你们可真讨厌！为什么都嘲笑我，烦死了！

（坚韧的情绪出现）

韧韧：没事，只要重新坚韧地站起来，表现不好就多练，输不起就别玩。以前是以前，现在是现在，加油！

（担忧的情绪出现）

忧忧：我就知道我不行，我连球都踢不中，我能干些什么呀！哎，算了。

（抗压的情绪出现）

抗抗：我就是我，我就是不一样的烟火，他们爱说什么就说什么，管他们呢！

（快乐的情绪出现）

乐乐：今天可以吃火锅，明天可以吃烧烤，后天可以吃红烧肉，我每天都是快乐的。

（坚强的情绪出现）

强强：我不能放弃，坚持就是胜利，加油！

（懦弱的情绪出现）

懦懦：哎呦，我现在屁股还疼着呢！这球我当初就不应该踢，幸亏我皮糙肉厚没有受什么伤，要不然就麻烦啦。

（烦躁的情绪出现）

躁躁：真是急死我了，都说了减肥，我怎么就是不听呢，现在摔成这样，逗得大家哈哈大笑！

（各种情绪出现）

乐乐：后天可以吃米其林，大后天可以吃冰淇淋，不用管他们。

全部情绪：应该减肥！别减肥！这样挺好的，不用减肥！体测会不及格！开心最重要！

第三幕

▶▶ 场景：教室里

人物：小胖，老师

地点：教室

（小胖失落地走在回教室的路上）

老师：你怎么了？不开心吗？

小胖：老师，我连个球都踢不中，还摔了一跤。

老师：不用着急。你知道嘛，你还有很多方面都是优秀的。

小胖：老师，你别劝我了，就我这体重啊，体测是合格不了的。

老师：别着急，你多吃一些健康的食物，不吃零食、甜食，不喝饮料。每天的摄入量要小于消耗量。坚持下去一定会有所改变，同时，还要把课上、课下的各个体测项目的训练和以及各种练习做好。最重要的项目也是唯一一个有加分项目的就是跳绳，你把对画画的坚持和热爱同样用到体育锻炼上，一定也能硕果累累！你知道吗？你看到的强者不一定是真正的强，而是付出的努力比别人更多一些。

（音乐渐渐响起）

小胖：付出的努力比别人都多一些……

▶ 场景：操场上

人物：同学 A 和同学 B

地点：操场

同学 A：给球。

同学 B：你有喜欢的明星吗？

同学 A：当然有了，那必须是科比呀，你知道他有多厉害吗？他曾经说过一句名言：你见过凌晨四点的洛杉矶吗？

同学 B：难怪他是一名伟大的运动员啊！

同学 A：那当然了，走，我们继续打球去。

▶ 场景：家

人物：爸爸、妈妈和弟弟

地点：家

妈妈：来尝尝，可香了，我刚学的新菜。

爸爸：浩浩这时候应该回来了呀！

妈妈：是呀，怎么还不回来呢！

（此时小胖走回家中）

爸爸：浩浩，快放下书包，一起来和我们吃饭吧。妈妈做了好多新菜，快过来尝一尝吧。

（爸爸、妈妈和弟弟诚诚在吃饭。浩浩坐在座椅上叹气）

爸爸：浩浩，你怎么不吃呀，是没胃口吗？

小胖：别提了，爸爸。今天在学校操场上别人传球给我，我本来想来个特别漂亮的倒挂金钩，但是摔了个大马趴。

妈妈：（笑着说）我就说吧，就你这体型，什么都干不好。

爸爸：没事，浩浩，爸爸小时候也是这样，爷爷也是这样，这就是咱们家的基因。这不是什么问题，你就跟平常一样，好好过日子，该吃吃，该喝喝。

妈妈：浩浩，都这么胖了，这顿就可以少吃点或者不吃。

（小胖生气地回房间）

爸爸：浩浩，先别走，今天正好有妈妈做的新菜，你快尝一尝，特别好吃。

妈妈：等会，让诚诚先尝，看看味道怎么样。

诚诚：好吃，妈妈真棒！

爸爸：诚诚，你让哥哥也尝尝。

诚诚：不用了，我哥都胖成什么样啦。不用吃了。

妈妈：(附和说) 对!

(小胖生气地拍了桌子)

小胖：我不吃了。

妈妈：胆子肥了是吧!

爸爸：(对妈妈说) 你怎么回事，什么都先给弟弟吃，浩浩怎么办。

妈妈：(对爸爸说) 他都胖成什么样了，还吃!

爸爸：都把浩浩气走了，你不觉得这样做有问题吗?

妈妈：我是为了他好，都胖成什么样子了。

爸爸：胖成这样，一日三餐也不能变啊。

小胖：别吵了!

第四幕

▶▶ 场景：内心独白

人物：小胖

地点：卧室

(伤感音乐响起)

小胖：太过分了!

燥燥：真是气死我了，我讨厌你们!

厌厌：今天真倒霉，摔了个大马趴，饭也没吃上，哼!

忧忧：我好没用啊，让他们失望了。

懦懦：马上就要体测了，我各项都不及格，这可怎么办呢?

(富含动力的音乐响起)

抗抗：他们能做到的，难道我就做不到了吗? 不，我不信!

韧韧：我们看到强者不一定是真正的强者，而是付出的比别人努力更多一些。

强强：科比曾经说过一句名言：你见过凌晨四点的洛杉矶吗?

畅畅：对，我要和太阳一起起床，我要和太阳一起奔跑。

乐乐：听起来都很好，我等不及了!

小胖：我也等不及了!

第五幕

▶▶ 场景：小胖穿上运动服，打着哈欠走出家门

人物：小胖，同学们

地点：家、小区、操场

（音乐响起——破茧）

小胖运动起来了，他开始尝试各种运动。跑步，打篮球，跳绳！挑战来自自我极限的呼喊！

第六幕

▶▶ 场景：体测成绩公布会

人物：老师，同学们

地点：教室

老师：告诉大家一个好消息，这次的体测成绩下来了，田浩同学通过自己的努力，在老师和同学们的帮助下，成绩终于达标了！

同学们：（齐声附和）太棒了！你做到了！

（小胖看向镜头，你看到的强者不一定是强者，可能只是付出的努力比别人更多一些）

剧终。

第二节　创编思路实录

生活是艺术的源泉，更是成长的沃土。身为一线班主任，每天都与孩子们共同创造着有趣、有戏的教育生活。一个个瞬间，就像一朵朵浪花，在师生心间激起层层涟漪，敏锐地捕捉，也许就能成为成长的契机，并让更多的人获取生命成长的力量。

苏霍姆林斯基说，"教育，首先是人学"，教育的首要任务是培养儿童健康的心灵、健全的人格，充实的精神生活和丰富的内心是其全面发展极其重要的标志。

在人工智能时代，技术的飞速发展虽然带来了前所未有的便利，但也对个体的意义生活、生命成长的真实体验以及人际关系的和谐融通构成了挑战——压力、内卷等这些教育人无法回避的问题在孩子的世界中真实地存在着。这促使我们思考如何通过创新心理情景剧这一育人实践载体，更深地触及儿童心灵，激发其潜能，培养心理韧性，塑造其完整的人格，构筑学生的精神文化世界和心灵家园。运用心理情景剧，重构教育生态中的关系网络——自我与他人、知识与世界，现在与未来，引发师生、生生及儿童自我之间的深刻对话，构建一个更加健康、全面、富有生命力的教育生态，为学生开启一扇别样的成长之门。

一、紧扣生活+确定主题

2023 年 11 月，小学六年级迎来了国家学生体育检测（成绩将计入中考）。依据《国家学生体质健康标准（2014 年修订）》，小学六年级学生体育测试包括 50 米跑、坐位体前屈、1 分钟跳绳、1 分钟仰卧起坐、50 米×8 往返跑，要将体质健康作为学生的一项重要成长指标。9 月开学伊始，家校协同，体育锻炼似乎成为一段时间的教育生活主旋律。早上，晨练的学生在体育老师的指导下有序地开展活动。作为班主任，也密切关注着每一个学生的成绩与训练情况。尤其是浩浩同学，成绩面临不及格，每日锻炼又偷懒，体育老师也拿他没办法。

"这不正是一个契机吗？"以体育统测为切入点，帮助其找到应对压力的方法，积极行动，一定会带动他更多方面的发展，在小伙伴中也一定会引起共鸣。

于是，以真实生活为原型的心理剧有了雏形——主角田浩是个喜欢吃零食、爱喝饮料又没有毅力坚持运动的小胖墩儿，在即将到来的学校体质健康测试中，他面临着不小的压力。因为上次的体测成绩不合格，他更加不愿意参与体育活动，恶性循环令他越发缺乏自信。在老师和同学的帮助和影响下，他开始意识到自己潜在的可能性和改变的必要性。随着训练的深入，浩浩开始感受到体能的提升，并且发现自己对运动的热爱。尽管训练过程充满了痛苦和汗水，但内心的成长让他坚持了下来。最终，浩浩体测合格了，周围是欢呼声和掌声。老师和同学们都站在人群中为他鼓掌。田浩内心的自卑和懒惰被彻底摧毁，他用汗水和努力换来了重新塑造的自我。

二、师生共创+教育发展

戏剧的本质从未离开教育，心理情景剧将更加深入地走进学生心灵，带领学生探索自己的内在，从而更好地解决生活中的问题。

1. 教育目标

（1）增强学生的抗挫折能力。通过剧中角色的故事和经历，引导学生理解挫折和困难是成长的一部分，培养他们面对挑战时的坚韧意志和持久力。

（2）培养学生的自信心。通过展示剧中角色在面对困难时如何战胜自我、实现自我价值，激发学生对自己能力的信心和对自身价值的认同。

（3）促进学生的团队合作与支持。通过剧中情节，鼓励学生在团队中相互支持、分享资源和互助，培养他们的团队合作意识和团结协作能力。

（4）培养学生的决策与解决问题能力。借助剧中角色的经历，引导学生思考并制定解决问题的方案，培养他们的决策能力和解决问题的能力。

（5）培养学生的情绪管理与压力应对能力。剧中情节可能涉及角色面临的情绪困扰和压力，通过引导学生分析和理解这些情绪，提供相应的情绪管理策略，帮助他们更好地应对挑战和压力。

（6）培养学生的自我反思与成长意识。通过剧中角色的经历，鼓励学生进行自我反思，认识自己的成长过程和潜能，培养他们的自我认知和成长意识。

2. 师生共创

依据剧情，学生在排演的过程中即兴创作，很多鲜活的语言都出自学生之口，如浩浩的"多重替身"之一："表现不好就多练，输不起就别玩，以前是以前，现在是现在"等，这样的台词特别能走进学生的内心，引起他们的共鸣。

3. 教育发展

心理情景剧对青少年的成长具有非常重要的作用，通过剧情回应青少年的心灵焦虑，探索促进生命成长的五育合力实践育人载体。

（1）心理情景剧促进学生全面发展

长期以来，教育中智育至上的倾向凸出，课堂教学模式、评价方式单一，全面育人的成效不尽如人意。因此，形成五育合力无疑是当前教育工作者面临的关键任务。心理情景剧凭借其独特优势，将德、智、体、美、劳有机整合，通过角色体验等方式为学生搭起与真实世界沟通的桥梁。赋予学生多维度的体验，激发其生命活力，以美育人，提升学生艺术课程核心素养。构建起全面发展的生态体系，促进学生在五育融合中实现全面且健康的成长，切实达成教育的育人目标。

心理情景剧不在于培养儿童高超的表演技巧，而是让戏剧为我所用，最大限度地解放学生的身体，释放学生的心灵，唤起学生的积极情绪，促使学生全身心地投入，为学生提供与自我、他人、世界三维生命体验的多重对话角度，在不断地试错、感悟、反思的过程中丰富生命的意义和价值，形成个体独特经验，提升综合素养。

（2）心理情景剧关注学生的生命质量

教育的本质应该是关注人的全面发展。生命是进行一切教育的前提，关注学生的生命质量，让他们学会保护生命、珍爱生命，是教育应该着重关注的事情。

生命成长指的是学生精神上的唤醒、再生、创造。唤醒是让学生通过戏剧的方式打开封闭的心灵，解放思维；再生是让学生在戏剧表演中得到新知、获得感悟和升华思想；创造是让学生将获得的已知经验在现实世界中进行运用和拓展，克服生活中的困难，创造全新的内心世界。

关注学生的生命成长，不仅要满足每个孩子的现实需要，还要重视他们的精神世界，将每个孩子看作一个独一无二的存在，并给予精神关怀，提高生命质量。

（3）心理情景剧促使学生在对话中获得新生

对话是改良生命关系的基石，学生与文本、与自我、与世界进行多重对话。强调双方平等、尊重、共享，显示对话者的价值，彰显人的主体意义。唤醒学生的自我意识，将已有经验用身体活动自由地表现出来，在身心相互配合的基础上主动构建新的经验，在活动中独立思考、主动表达，获得完整的体验，促进经验的改组和改造。学生通过戏剧与自我对话、与他人对话、与世界对话，重构成长中的三大关系，在对话中获得新生，如图6-1所示。

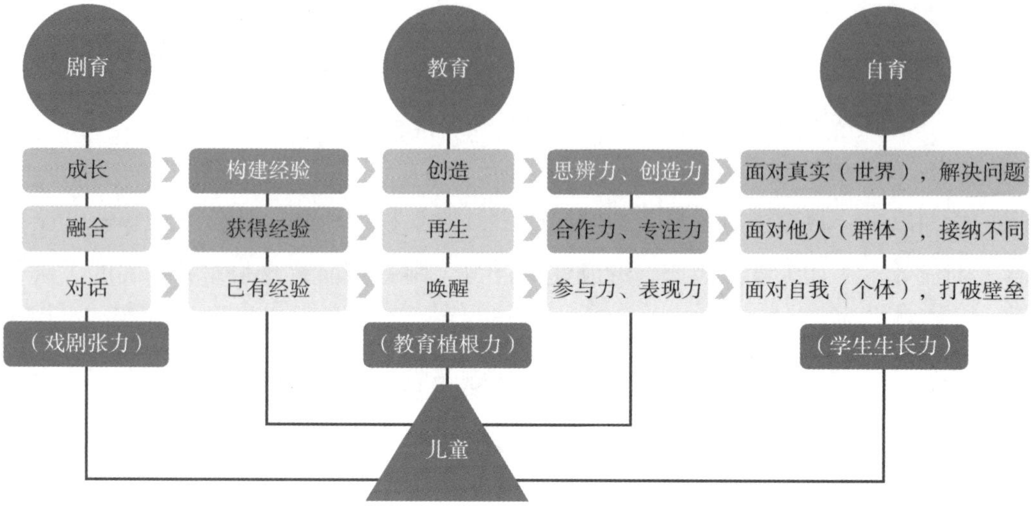

图6-1 "剧育—教育—自育"三大关系

三、戏剧名称+主题音乐

《破茧》具有深刻的象征意义，它不仅传达了积极应对压力并付诸行动的精神，还突出了转变与重生的主题。茧在蝴蝶在成长过程中非常重要，象征着蜕变与成长。在剧中，主角经历内心的挣扎、痛苦与困惑，这些状态如同茧一般将他们束缚在一个狭小的空间里。然而，茧并不是永恒的束缚，它是成长过程中必须经历的一个阶段。只有当个体勇敢面对内心的恐惧，努力突破这层包裹自己的"茧"，才能迎来真正的自我成长与蜕变。剧名不仅突出了角色的心路历程，也让观众感受到，每个人都有潜力去超越自身的局限，实现自我价值。

剧中的主题曲《破茧》进一步深化了这一主题。歌词通过描绘角色通过奋斗与坚持，最终实现自我的过程，捕捉到了心灵转折的瞬间。曲调的变化既反映了角色内心的冲突，也传达了希望与勇气。在歌曲的开头，音调可能会显得忧郁，象征着角色们面临的各种困扰和压抑。而随着歌词的深入，旋律逐渐变得激昂与明快，展现了从无望到希望的转变。这种音乐上的层次变化，正如角色在剧中的心理历程，逐步走出阴霾，迎接光明。

歌词中频繁提到的"破茧而出"不仅是对个体勇气的赞美，更是一种积极向上的生活态度。它鼓励人们在经历困惑与痛苦时，不要放弃希望，要相信自己能够超越当前的境地。在现代社会中，许多人因为压力、焦虑等心理问题而陷入低谷，正如被困于茧中无法自拔。《破茧》通过其故事与音乐，为这些人提供了一种宣泄与释放情感的途径，让他们明白痛苦是成长的一部分，只有接受并面对它，才能看到生命中的光亮。

此外，《破茧》也探讨了人与人之间的支持与温暖。在角色的成长旅程中，彼此的扶持与理解是不可或缺的。在社会的现实中，孤独往往使许多人感到无助，而通过共同的经历与情感分享，角色学会了如何面对困境、互相鼓励。这种团结与共鸣的力量是人类情感中最宝贵的一环，也是通往心理健康的重要途径。

总而言之，心理情景剧《破茧》及其主题曲为观众展现了一个关于成长、勇气与人际关系的深刻主题。它通过艺术的形式提醒我们，每个人都可能经历黑暗的时刻，但只要勇于追求自我，勇敢打破束缚，就能迎来属于自己的光明与希望。

《破茧》不仅是一个关于成长与努力的故事，更是对每位孩子勇敢追梦和自我超越的鼓励。我们相信，这样的剧目，能够帮助更多的小朋友在面对困难时，找到勇气和力量去突破自我，迎接美好的未来。

四、舞台展示+视频传播

这部剧在校内舞台呈现以后，反响热烈。由于剧情来源于生活，台词设计多半出自学生之口，剧情的推进还原了生活中原型的真实转化与蜕变。因此，许多观众都流下了感动的泪水。基于此，为了让更多的学生能受到启迪，将演出视频利用班会课在各班级展播，受到广泛的好评。许多学生甚至自行组织，开始排演。2024 年 6 月，《破茧》剧目由四年级的部分同学自行组织，参加朝阳区艺术节的比赛并获得奖项。2024 年 7 月，这部剧被北师大教育平台收录，面向全网展播。

五、经典剧目+心理剧场

《破茧》这一剧目在校园中的热播，使心理剧剧社也空前活跃。有的班级要求二刷三刷视频，心理剧剧社也出现人员爆满的现象。心理情景剧在"发现问题—进入剧团—转变新生"方面对学生有重要的作用，如图 6-2 所示。

心理情景剧帮助儿童解放心灵、打开束缚。在儿童健康成长中发挥了不可替代的作用。心理剧剧社面向全校学生招募，开设"绿色通道"，无条件关注和接纳有特别心理需求的学生；鼓励学生在开放宽松、充满信任的场域自由表达。通过表演与互动，在独特的对话场域获得极大的尊重与关爱。

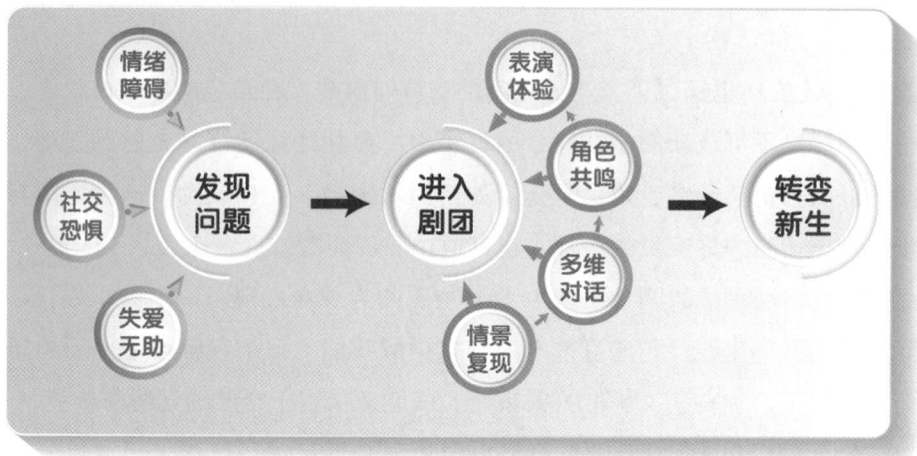

图 6-2　心理情景剧在学生发现与转化机制方面的作用

数据显示，通过课程的发现机制与转化机制，3%有心理问题的儿童通过教育戏剧的舞台，开始拥有健全人格、能够在学校自由生活。例如，有的同学，双亲之爱缺失，自暴自弃，通过承担剧中角色，在解决"剧中人"困惑的同时，自己也找到了成长的方向，呈现出健康向上的自由样态。中高年级10%左右不善于表达的学生，通过参加教育戏剧课程，能够大方自信地站在舞台上，并成为老师的得力助手。

六、排演效果+反思改进

1. 学生呈现出精神世界充盈、生命关系积极、成长动力饱满的成长样态

心理情景剧塑造了学生丰富的内心世界，呈现出教育理想的成长样态。学生通过艺术、探索等活动不断丰富自己的精神内涵。他们在与家庭、学校、社会的交往中，建立了良好的关系，对新事物充满好奇，有着强烈的学习欲望和自我提升的动力。

2. 全面塑造教师育人观、课程观、教学观

教学相长，教师在心理戏剧实践中获得更宽广的提升与发展；更加注重学生的全面发展和个性培养，认识到每个学生都有独特的潜力和价值，形成了以核心素养

为引领、全面提升学生创新精神和实践能力的育人观；通过多元化和富有创意的教学让学生在参与中学习和成长，注重创新的课程观；塑造了以学习者为中心的，关注学生人格养成，尊重学生体验及多元评价相结合的教学观。

3. 激发学生的想象力与创造力

在心理情景剧实践过程中，通过紧紧围绕学生心理与生命成长规律，激发了学生的想象力与创造力，促进了他们的情感交流与团队协作能力。展望未来，我们将更加关注学生成长，直击心灵，针对整个社会的内卷与焦虑，结合教育戏剧与儿童成长理论，回归育人本质。

第三节 专家解析和优化

本剧是北京市朝阳区芳草地国际学校（双花园校区）张华、郭顺成、高超三位教师带领学生团队原创的，主要关注学生的抗挫折能力、自信心、团队合作、解决问题能力、情绪管理和自我成长，体现了"破茧"的主题，即突破自我、克服困难的过程。剧本通过主角田浩的成长故事，展示了他如何克服肥胖带来的体测困难，在老师和同学的帮助下，最终成功达标。这部剧无论在选题上，还是在创编上都非常具有现实意义。

一、主题解析：聚焦真实困境，传递生命成长的力量

1. 选题的现实性与共鸣性

《破茧》的主题紧扣当前教育生态中的核心问题——儿童压力应对与自我成长。剧本以体育测试为切入点，反映了学生因学业压力、身体形象焦虑、家庭期待等现实困境产生的心理冲突。肥胖、体测不达标、同伴嘲笑、家庭矛盾等情节的设计，均源于学生真实生活场景，具有强烈的现实意义。例如，主角浩浩因肥胖被同学嘲笑的情节，直击校园中普遍存在的"身体羞耻"现象；家庭场景中父母的教育理念冲突（母亲"为你好"的苛责与父亲无原则的溺爱），则映射了家庭教育中常见的代际矛盾与科学养育缺失的问题。这种真实性与共鸣性，使观众（尤其是学生群体）能迅速代入角色，引发情感共振。

2. 主题的多维教育意义

剧本并未停留于"减肥成功"的表层叙事，而是通过浩浩的内心挣扎与外部支持，传递了更深层的教育价值。

（1）心理韧性培养。通过"内心角色"的对话（如抗抗、韧韧等），展现了个体如何通过情绪管理、认知重构实现自我突破，契合积极心理学中"心理资本"的构建逻辑。

（2）五育融合实践。将体育困境与智育（健康发展）、美育（心理剧表演）、德育（师生互助）、劳育（坚持训练）结合，呼应创编实录中"五育合力育人"的理念。

（3）生命教育内核。借"破茧"隐喻，强调成长是一个从自我封闭到主动突破的过程，暗合存在主义心理学中"自我超越"的核心命题。

3. 社会议题的戏剧化表达

剧本将宏观社会问题（如教育内卷、健康焦虑）浓缩于微观个体叙事中，这种以小见大的叙事策略，使剧本兼具个体关怀与社会反思的双重价值。

然而，剧本对于深层"压力来源"的探讨较为表面，比如家庭矛盾停留在"少吃点"的冲突上，需要深入挖掘社会评价、自我价值认同等深层议题，可以增加浩浩对"肥胖"的社会性反思（如被贴标签、校园霸凌的潜在风险），引发观众对"外貌焦虑"的共情；情绪角色功能重复，9 个情绪角色（如"抗抗""强强"）存在功能重叠问题，部分台词缺乏差异性，可能弱化戏剧张力。我们可以将 9 个情绪简化为核心对立阵营（如"正向—消极""理性—感性"），通过冲突性对话增强戏剧张力。

二、创编解析：师生共创与教育戏剧的深度融合

1. 创作方法论：从"生活原型"到"艺术升华"

这部心理情景剧的创编实录体现了心理情景剧的典型路径。

（1）真实案例改编。以浩浩为原型，保留其爱吃零食、体测焦虑等真实特征，增强故事可信度。

（2）即兴创作赋能。学生参与台词设计（如"菜就多练"等网络流行语），使语言风格更贴合儿童语境，避免成人化说教。

（3）心理技术嵌入。运用"替身技术"（9 个内心角色）外化内心冲突，借鉴心理剧创始人莫雷诺的"角色理论"，帮助学生通过表演实现自我疗愈。

2. 教育目标的戏剧化实现

剧本通过以下设计达成创编实录中的三大教育目标。

（1）抗挫力与自信心。浩浩从"自我否定"到"凌晨训练"的转变，通过行动展示"成长型思维"。

（2）团队合作。同学 A 提及科比名言、教师引导等情节，构建支持性人际网络，凸显社会支持系统的重要性。

（3）情绪管理。内心角色的"辩论式独白"模拟认知行为疗法（CBT）中的"认知重构"，帮助观众理解情绪调节策略。

3. 教育生态重构的戏剧实践

创编实录强调通过心理剧"重构三大关系"，剧本中亦在以下三个方面有呼应。

（1）与自我对话。内心角色的分裂与整合，象征个体从"自我冲突"到"自我和解"的历程。

（2）与他人对话。师生、同伴、家庭的互动，展现教育生态中多元主体的协同作用。

（3）与世界对话。体测政策、健康标准等社会规训的隐含存在，引导观众思考个体与制度的互动关系。

三、剧本优化与调整建议

问题：内心角色的功能区分度不足。如"乐乐"强调快乐，"抗抗"主张抗压，但台词设计同质化，削弱了内心博弈的戏剧张力。

建议：赋予每个情绪更鲜明的行动目标。具体如下。

第二幕

（厌恶的情绪出现）

厌厌：你们可真讨厌！为什么都嘲笑我，烦死了！

（坚韧的情绪出现）

韧韧：没事，只要重新坚韧地站起来，表现不好就多练，输不起就别玩。以前是以前，现在是现在，加油！

（担忧的情绪出现）

忧忧：我就知道我不行，我连球都踢不中，我还能干些什么呀！哎，算了。

改为：

厌厌：他们笑你是因为你胖！别再运动了，躲起来吃零食吧！（推动逃避行为）

韧韧："摔十次就站起来十一次！明天五点跟我去跑步！"（推动行动承诺）

忧忧："体测不及格会被全班看不起……"（放大焦虑以制造转折点）"

2. 人物塑造：平衡真实性与典型性

问题：母亲形象略显刻板（"恨铁不成钢"式的批评），父亲则过于理想化（无条件支持），削弱家庭矛盾的复杂性。

建议：增加母亲背景，如台词提及"我小时候也被嘲笑胖，不想你重蹈覆辙"，揭示其焦虑源于代际创伤；为父亲增设困境，如私下劝浩浩"健康比成绩重要"，但在母亲压力下妥协，体现成人世界的两难。

3. 情节调整：强化转变的逻辑性与仪式感

问题：浩浩的转变（第五幕突然晨练）略显突兀，缺乏关键触发事件。

建议：一是新增"榜样触发"场景，如浩浩无意间看到父亲年轻时健身的照片，或发现同学偷偷加练，为其行动提供具象动机；二是设计"破茧仪式"，将最终体测达标场景转化为象征性仪式（如浩浩扔掉旧衣服、剪断"懒虫玩偶"），增强情感冲击力。

4. 教育性强化：避免单一成功叙事

问题：结局"体测达标—众人欢呼"可能传递"成功至上"的潜在信号，与"抗压"主题部分冲突。

建议：增加台词，真正的破茧，不是变成别人眼中的强者，而是找到属于自己的奔跑节奏，体现成长的非线性。具体如下。

（第六幕）

▶ 场景：体测成绩公布会

人物：同学们，老师

地点：教室

老师：告诉大家一个好消息，这次的体测成绩下来了，田浩同学通过个人努力，在老师、同学们的帮助下，成绩终于达标了！

同学们：太棒了！你做到了！

（小胖看向镜头，你看到的强者不一定是强者，可能只是付出的努力比别人多一些，真正的破茧，不是变成别人眼中的强者，而是找到属于自己的奔跑节奏）

剧终。

　　《破茧》作为一部心理情景剧，成功地将压力应对主题转化为具象的戏剧行动，体现了"生活即教育"的创作智慧。若能在心理冲突层次、家庭关系深度及成长叙事复杂度上进一步雕琢，有望成为更具普适性与艺术性的心理情景剧范本。其核心启示在于：心理情景剧的真正价值，不在于提供标准答案，而是搭建一个让学生在安全情境中试错、反思与重建意义的"心理茧房"。

第七章
人际交往主题
——创编实例解析 4

第一节　原创剧本《我想对你说》

(该剧获得 2024 年中小学校园心理剧大赛区级小学组二等奖)

一、人物简介

班主任江老师：富有智慧与耐心，面对学生间层出不穷的矛盾，善于通过讲故事、开班会活动的方式引导学生自我反思，展现出循循善诱的教育者形象。

辛然：身为班长，性格直爽，责任感强，在同学中有一定威信。面对同学的否认，反应比较激烈，有较强的主观意识。

梁如意：学习态度不端正，经常懒惰并缺乏自律。因抄同学作业被拒，与同学发生争执，被同学孤立。

谢昉源：调皮、行事莽撞，言语轻狂，不在乎他人感受。在楼道踢球引发事故，对自己造成的伤害毫不在意。

吉美萱：活泼好动，被称为"淘气大王"，虽然性格大大咧咧，但充满正义感。

刘溪：正义感十足，责任感强，敢于指出他人的错误行为。

张益萌：急躁，有些倔强，不轻易承认自己的错误。

徐畅：原则性强，坚决拒绝不良行为，有自己的行为准则。

李明译：内向，遇到不公平时一味隐忍。

浩轩、廖佳：对知识有探索欲望，展现出热爱学习、积极向上的性格特点。

二、剧本内容

开　场

▶▶ 场景：教室里
人物：班主任江老师、同学们

旁白：当今社会，由于父母对独生子女的娇惯使孩子们在交往中普遍缺乏宽容、谅解，常常因为一些小事情发生不愉快，本剧讲述的是一些自私自利、唯我独尊的孩子在老师的精心引导下，改掉了缺点，学会了宽容的故事。

班主任江老师：同学们，这节课我们学习了解方程，大家都有什么收获呢？谁来说一说。

浩轩：我了解了解方程的步骤。

班主任江老师：好，那解方程都需要哪几个步骤呢？

吉美萱：解方程的第一步要先写"解"；第二步解方程；最后一步检验。

班主任江老师：好，请坐。那大家还有什么想了解的吗？

廖佳：老师，我想知道解方程的应用和二元一次方程怎么解。

（下课铃声响起）

班主任江老师：请坐。刚才同学们都回答得很好，这节课我们就上到这儿。同学们再见。

学生：老师再见。

第一幕　矛盾生成

▶▶ 场景：教室里

人物：同学们

学生矛盾1：笔坏了

张益萌：班长，你这支笔写不出字了。

辛然：怎么可能，我之前明明写得好好的。

张益萌：你给我的时候就是写不出来了。

辛然：给你时候好好的，是你把我的笔弄坏了。

李浩轩：班长，我看见她把笔摔地上了。

张益萌：没有，我没有！

李浩轩：你就是不承认！

辛然：你看人家都说了，是你把我的笔摔地上了。

张益萌：我没有，我真的没有！

同学：张益萌，别吵了，英语老师叫你，哎呀，快走吧。

李浩轩：班长，别生气了，咱们出去活动活动。

辛然：（狠狠地瞪了她一眼）全班我最讨厌她了，再也不理她了。

学生矛盾2：抄作业

梁如意：徐畅，把你的作业借我看看。

徐畅：不借，你是不是又要抄作业？

梁如意：我不抄，我看看就给你。

徐畅：谁信呢？你每次都这么说。

同学：老师说作业必须自己独立完成！不给他。

梁如意：走开，有你什么事。

同学：徐畅，咱们走，不给他。

梁如意：（看见她们出教室急忙起身）拿来呗，我抄快点。

学生矛盾3：谢昉源楼道踢球

吉美萱：瞧瞧，班里女生又吵起来了，总为了那么点鸡毛蒜皮的小事吵架，多没劲，什么？你问我是谁？提起我，在全班可是相当有名了，人送外号"淘气大王"。

吉美萱：廖佳，去上厕所吧。

廖佳：不想去。

吉美萱：走吧，溜达溜达，让大脑休息一下。

廖佳：哎，走吧。

谢昉源：她俩又去上厕所。（上前就揪廖佳头发）

廖佳：为什么揪我的头发？

谢昉源：怎么了？你哪只眼睛看到是我揪的？

吉美萱：我看到了，就是你揪的！

谢昉源：是我揪的又怎么样？有什么大不了的！

吉美萱：廖佳，别理他，全班就他最讨厌。

谢昉源：切，有什么呀？不就是会告诉老师吗？

刘溪：谢昉源，你又讨厌了吧！回教室。

谢昉源：我才不回去呢，啊！这有个足球，踢球去。

（李明泽，打完水走在楼道里。谢昉源，在楼道踢球、接球，球正往李明泽的方向飞过去）

李明泽：哎呀。(水杯掉地上，球踢到他小腿上)

刘溪：谢昉源。让你回班你不听，又惹事了吧？(扶李明泽去医务室)

谢昉源：至于嘛！(回到教室)

辛然：瞧瞧，那边又吵起来了。

李浩轩：瞧瞧，那边不也是吗？这没完没了的，天天不是这个事就是那个事，总是有矛盾。

第二幕　解决矛盾

▶ 场景：教室里

人物：班主任江老师、全班同学。

(同学们回到教室，迅速坐好，李明泽小声哭泣。谢昉源的课桌上乱七八糟，他还摇着椅子，一副不屑的表情。江老师走进教室，环顾四周，走到李明泽面前)

班主任江老师：怎么了？

李明泽：(摇头不语)。

谢昉源：别装了，不就是被球踢了一下吗，有那么严重吗？不行的话就去医院，我家有的是钱，需要多少说一声就行。(大家议论纷纷，乱作一团)

班主任江老师：请大家坐好，不要议论。

刘溪：老师，我请求换座位，他太讨厌了，我不想和他坐一起。

廖佳：我也建议给他换座，他上课总说话，影响我们小组的荣誉。

(小组同学纷纷附和：对……就是……，让他走！)

班主任江老师：大家静一静，谢昉源的座位已经换了好几次了，你们觉得他应该和谁坐在一起呢？(大家你看我，我看你)

同学：让他一个人坐。

同学：对，让他一个人坐。

(全班哄笑，同学们又议论起来，声音越来越大)

班主任江老师：(学生之间的矛盾真让人头痛啊！不行我要想一个好的解决办法。有了！)同学们，这节课是班队会，我们要举行一个活动，在活动之前，老师先给大家讲一个小故事！从前有座山，山里的庙里有一个老和尚，这个老和尚呀，每天都要去从山上到山下去挑水，这样日复一日，后来，又来了一个老和尚。

同学：老师，我知道，三个和尚的故事。

班主任江老师：这个故事告诉了我们一个什么道理啊？

同学：做人做事要勇于承担责任，要互相团结。

同学：不能自私、斤斤计较、互不相让。

（班主任江老师请两名同学把"爱心之门"道具搬进教室）

班主任江老师：同学们，今天这个活动的主题叫《我想对你说》。活动的规则是：你想对谁说之前必须跨过这扇心灵之门，走到这个同学面前，大声地说出来让全班同学都听到！

（啊？同学们议论纷纷）

（画外音 1：心脏的跳动声）

张益萌的内心声音：（刚才是我撒谎了。笔是我弄坏的，我应该第一个去。但是，我……）

张益萌：（犹豫地慢慢起身）江老师，我想说……

班主任江老师：益萌，勇敢点！来，跨过去……

张益萌：辛然，是我把你的笔摔坏了，还对你那么凶，我错了，你会原谅我吗？

辛然：没关系的，就一支笔没有什么大不了的，但是你要诚实地说出来，我会原谅你的。

张益萌：我不敢承认，怕你生气。

辛然：坏了就坏了，你诚实地说出来，我会原谅你的。

张益萌：那你真的不生我气啦！（拥抱在一起）太好了，谢谢！

（画外音 2：心脏的跳动声）

梁如意的自我声音：（我今天又抄徐畅作业了。她俩一定生我气啦！）

梁如意：江老师，我想说……

班主任：好，你想对谁说啊？

梁如意：（迅速走到徐畅身边）徐畅，我刚才没有你的允许，（低下头小声说）又抄你作业了。

徐畅：你怎么就不听呢！学习是你自己的事情，要脚踏实地。

同学：如果你有不会的题告诉我们，我们会给你讲的……

梁如意：我就是太懒了。我以后再也不抄作业了！你们可以再原谅我一次吗？

徐畅：好吧，今天再原谅你一次。以后你一定要自己好好学习。

同学：有不会的和我们一起讨论、研究，咱们一起努力学习。

梁如意：谢谢你们！有你们这两个好朋友我太幸福了！

（话外音3：心脏的跳动声）

谢昉源的声音：（我今天闯祸了，影响了班集体荣誉，全班同学估计都生我气了）

谢昉源：（起身跑到老师面前）江老师，对不起！同学们，对不起！因为我经常违反纪律。影响我们班的荣誉，还影响了大家的学习。请大家原谅我。

班主任江老师：谢昉源，你今天知道自己错了，我们都原谅你了！

刘溪：谢昉源，你的确很淘气，不过我承认，我也不够耐心，不够宽容。如果你愿意，我们继续做同桌，让我们共同努力，争取成为阳光伙伴。你愿意吗？

谢昉源：我愿意。（眼里噙着泪花）

同学们：是啊，是啊，知错就改我们都原谅你了。

谢昉源：（鞠躬）谢谢老师！（鞠躬）谢谢大家！我一定改。

谢昉源：我还想对一个人说。（转身走到李明泽身边）

同学们：谁啊？对谁呀？

谢昉源：（蹲下，摸着李明泽小腿）对不起，今天我在楼道踢球踢到了你，现在还疼吗？

李明泽：好多了，有你这句话也不疼了。（两人握手拥抱起来）

谢昉源：（鞠躬）对不起，请你原谅我吧！我以后一定不在楼道里踢球了。

李明泽：好啊，一言为定！以后放学咱俩一起去操场上踢球！（两个小伙伴高兴得手舞足蹈）

$$尾\ 声$$

▶▶ **场景：教室里**

旁白：有一种勇敢叫作原谅，有一种美德叫作宽恕，世上有无数的人在等待别人的原谅，也有无数的人在原谅着别人！一节课下来，同学们相互诉说着。矛盾与不愉快的情绪烟消云散，感人场景一幕又一幕。

歌曲演唱：《听我说谢谢你》。

（孩子们离开座位互相诉说着，有的走到老师面前鞠躬，谢谢老师！有的走到同学面前，互相手拉手、拥抱）

第二节　创编思路实录

一、确定主题：心理访谈，聚焦学生困惑

在高年级学生访谈中，有一部分学生提到的学生之间的交往问题引发了我的思考。他们提到的不良情绪的主要来源之一，便是学生之间的交往。内容大致如下："在我们班，有一个让我特别讨厌的学生，我都躲着他，但是他还是招惹我，有时故意把我的东西碰到地上，还无缘无故地打我一下，揪我的头发……他的行为让我很无奈，我都有些怕他，这是不是校园欺凌，您能帮帮我吗？"学生在人际交往中，一个突出问题是有些学生因为交往方法不正确，渴望表达自己的情感，但又缺乏合适的渠道和方式而陷入困惑。甚至把同学之间正常交往产生的矛盾与校园欺凌联系起来，进而产生恐惧、担心，甚至不敢交往的情况。

这些问题让我们看到同学之间因为表达不清、理解偏差导致的沟通障碍。但在访谈中学生能够把这样的问题讲出来，说明了他们渴望得到老师的帮助，需要来自外界的指导和支持，帮他们解决同学之间的交往问题，想要准确地表达自己的情感和想法，增强自信心和自尊心，与他人建立良好的关系，处理好人际交往中的冲突和问题。

见微知著，根据我的观察，学校生活中还有很多同学不会交往，他们的焦虑可能不太明显，在与同伴交往中，产生的问题包括自我认识能力局限、情绪管理能力较弱、受到同伴群体的压力，这使学生缺乏安全感，性格变得敏感、孤僻，在人际交往中表现出退缩、逃避等。据此，我们将主题设定为通过人际交往，学会处理同伴之间的冲突矛盾，最终引导学生形成积极乐观的心态。

二、故事素材收集：问卷调查，获得创作灵感

确定好主题后，选出有代表性的事件，设计了一个问卷调查，如图7-1所示。

主题：校园矛盾与宽容教育

1. 你是否与同学发生过矛盾？（单选）

    □经常发生　　□偶尔发生　　□从未发生

2. 以下哪些矛盾类型你曾亲身经历或目睹过？（多选）

    □物品损坏争执（如笔、书本）

    □抄作业引发的冲突

    □言语挑衅或肢体冲突

    □因自私行为被集体孤立

    □其他（请补充）：＿＿＿＿＿＿＿

3. 与同学之间发生矛盾时，你通常会如何处理？（单选）

    □直接争吵　　□找老师/家长解决　　□忍让回避　　□尝试沟通和解

4. 同学之间有矛盾，你会用什么方法解决呢？请举例说明。

    ＿＿＿＿＿＿＿＿＿＿＿＿＿＿＿＿＿＿＿＿＿＿＿＿＿＿＿＿

5. 你与同学之间有哪些成功解决矛盾的事件？请举例说明。

    ＿＿＿＿＿＿＿＿＿＿＿＿＿＿＿＿＿＿＿＿＿＿＿＿＿＿＿＿

感谢你的认真填写！

你的回答将帮助我们更好地理解同学间的矛盾，促进校园和谐！

图 7-1　问卷调查

（1）通过"有哪些矛盾，你曾经亲身经历或目睹过"，选取有代表性的事件，作为故事原型，制造矛盾和冲突。

（2）通过"与同学发生矛盾时，你会如何处理，举例说明"，塑造主人公的人物性格。

（3）通过"列举与同学之间成功解决矛盾的事件"，探索交往方式，引发主人公思考。

基于大量的学生心理访谈分析发现，高年级学生能通过文字精准地表达自己的想法。因此我将五年级学生作为调研对象，随机选择有 35 名学生的班级开展调研，经整理分析后，发现了以下三个具有代表性的事件。

事件 1：想跟同学一起玩，但是不知道怎么加入他们，只能通过破坏同学的物品，引起同学关注。

事件 2：因没有按照之前的约定归还同学之间交换的物品，导致发生矛盾，甚至矛盾升级到由家长参与解决。

事件 3：认为同学互相看作业答案不是什么大事，但是被同学拒绝后，不知道该怎么处理，自己觉得很尴尬。

调研问卷是我们主动获取信息、学生被动回答，但以上三件事情在学生日常面询中均被频繁提及，因此可以反映学生的普遍性困扰。

通过将这三件事情整合，串成一条故事线，剧本的主体框架就出来了：三个事件分别代表的是表达方式不当引起的矛盾、交往方式不当引起的矛盾、接收信息不全引起的矛盾。其中交往方式不当是主要矛盾。三个事件设定在三个不同的角色中，三者之间是并列的关系，需要从三个方面进行剧情设计。解决矛盾的方式，通过具象化的心门这个道具，让学生通过在现实生活中跨过这道心门，映射到自己真实的内心世界，主人公开始自我探索、认真思考，并做出改变。通过自己与自己的对话，让自己跨过心门，解决与同学的矛盾，学会正确交往。

三、填充剧本：深度访谈，反应内心冲突

确定好主题后，将戏剧整体结构分为两个部分：自我探索和自我转变，这是运用心理技术解决问题的主要阵地，这部分还要观照戏剧元素，运用戏剧中的具身理论，把心理技术和戏剧元素巧妙地融合，既呈现解决问题的心理技术，又有戏剧的真实和趣味性。

在和学生的讨论中，我们的关注点集中在活动设计上，能让学生认识到自己的问题，勇敢地承认错误，解开和同学之间的矛盾。经过和学生的讨论，我们了解到，学生需要跨过自己心理的难关，才能达到内化。心理的这个"难关"是我们心理剧需要具象表现出来的。于是，我们想到了"心门"，只有学生打开自己的心门，才能实现自我接纳。让学生通过跨过心门的行动，来敞开心扉。同时，为了更好地表现学生的内心活动，我们采取了戏剧中画外音的方式，实现学生自己的内心对白；并且设计了心跳音效，表现学生内心的紧张与矛盾。同时，我们还设计了剧中"班主任江老师"这个角色，以及"辛然"班长这个角色。班主任老师的循循善诱，班长的示范，顺理成章地引导学生大胆地面对自己的内心，解决矛盾冲突。第一个认识自己错误的是张益萌同学，首先突破自己，班长辛然的宽容和大气，让问题顺利解决，为后面学生跨过自己的心门做了示范。之后，梁如意、谢昉源同学也采取了同样的方式，面对自己的内心，勇敢迈出一步，跨过心门，与同学重归于好。

为了让故事更贴近学生的视角，更真实地反映学生的内心冲突与探索，我们还

对多位学生进行了深度访谈，尝试捕捉学生的语言来填充剧本。例如，围绕"事件1：想跟同学一起玩，但是不知道怎么加入他们，只能通过破坏同学的物品——表达方式不当引发的矛盾"，以下为部分访谈实录。

老师：有位同学很想加入你们的课间游戏，但是不知道怎么能加入其中，只能通过拿走或破坏你们的文具引起你们的关注。对此，你会对他说些什么？

学生1：我觉得他可以用语言表达，不要随意破坏别人物品，这样其他同学更容易接受他。

学生2：我的文具已经被破坏了，如果他主动承认，我觉得就一支笔没有什么大不了的，只要他能诚实地说出来，我会原谅他的。

以上文字经整理后，成为张益萌和辛然的台词。

四、设计剧名：吸引观众，符合剧情内容

在剧本完成后，取一个什么样的名字既符合主题，又能吸引观众呢？之前的剧名是《爱心之门》，学生对这个"爱心门"产生好奇心和兴趣，但是为了更加符合剧情内容，最终选择了《我想对你说》，因为它体现了以下三层含义。

（1）三个小事件中，做错事的学生在老师的启发下，通过跨过"心门"这个环节，使学生能够坦然面对自己，开始自我探索，和自己进行对话。

（2）在班主任江老师的引导下，大家开始倾听他人想法。当站在同学面前表达内心想法时，他们逐渐理解彼此的立场和难处，从而学会包容他人的不足，懂得在集体生活中相互体谅。

（3）从最初教室里、楼道里处处充满矛盾，同学间关系紧张，到活动后大家尝试沟通、理解。这一转变体现出构建和谐集体关系的重要性。老师通过故事和活动引导，让学生明白在集体中应勇于担责、团结互助，只有摒弃自私和斤斤计较，班级才能成为温暖的大家庭，每个人也才能在和谐集体中更好地学习和成长。

五、展示舞台：不断排练，完善舞台效果

在完成心理剧剧本后，舞台效果的设计对于整体呈现也很重要。我们师生团队来自学校戏剧社团，虽然学生具有一定的戏剧表演基础，但是对于心理剧的表演还很陌生，剧本又是原创，只能在一次次的排练中，不断探索和完善。

1. 剧本与角色打磨

组织全体演员围坐在一起，逐句研读剧本。让每个演员分享自己对角色台词、动作以及剧情发展的理解，讨论每一幕在整个故事中的作用和想要传达的情感。比如分析"矛盾生成"部分中，张益萌和辛然因笔产生矛盾的场景，引导演员思考两人当时的心理状态，是真的认为对方有错，还是只是碍于面子不愿让步，从而挖掘出更多表演细节。例如，谢昉源这个角色，演员可以思考他为什么会这么调皮，是家庭的忽视还是想通过这种方式吸引他人注意，以此丰富角色的内心世界，让表演更具层次感。在排练过程中，不断根据剧情的推进和导演的反馈，调整对角色的理解和演绎方式。

2. 舞台呈现

在排练中，注重演员表情和声音的表达。要求演员根据角色的情绪和剧情需要，展现出不同的表情，如张益萌被"冤枉"时的委屈表情，辛然生气时的愤怒眼神等。声音方面，训练演员掌握好语调、语速和音量，比如在"解决矛盾"部分，老师讲话时要沉稳、温和，引导学生思考；而学生们争吵时声音要急促、激动，营造出紧张的氛围。通过一对一指导和集体排练，提升演员的表情和声音表现力。

3. 舞台效果

为了进一步提升舞台效果，我们精心设计了舞台道具"心门"，营造出一个现实世界与一个虚拟空间，使观众能够更直观地感受到角色的心理变化。为了让这个"心门"更符合戏剧要求，我们先后尝试了两种"心门"，最后，确定了用红色、柔软的毛毛边来装饰，这样既能够体现柔和、温暖的主题，也能与主人公的变化形成呼应。

通过不断排练和完善，我们初步呈现了一部相对完整的心理剧舞台作品。

六、深化效果：结合活动，引发自我探索

1. 表演者的感悟

对于参加心理剧的表演者来说，每一次排练也是一次自我探索，他们通过角色扮演、情感投入、对话互动，在感受角色的同时，也在理解、接纳自我，尝试更好地去共情他人、表达自己，体验团队协作。排练结束后，我们让同学们去回顾整理自己对勇气的理解和收获，之后我们进行了一次分享活动，以下为不同扮演者们的

部分感悟。

"班主任江老师"扮演者：老师不仅要有丰富的知识，更要有一颗包容和理解的心。

起初，我以为只要把台词念好、把老师的威严展现出来就行。但随着排练的深入，我才发现这个角色在剧中起着引导和教育的重任。每一次在剧中调解学生矛盾，我都在思考现实里老师会如何耐心地引导孩子。同时，在团队协作中，我也体会到作为"老师"这个角色，在推动剧情发展、促进学生扮演者成长方面的重要性。

"辛然"扮演者：学会倾听不同意见，有勇气去承认自己可能存在的错误。

我扮演的辛然坚信笔是张益萌弄坏时，那种理直气壮的劲儿，在排练中慢慢消散。我开始思考，是不是自己太固执，不愿相信别人。这让我在生活中也变得更包容，不再轻易给人下定义。在团队排练里，我和大家一起探讨角色，学会了倾听不同意见，这对我来说是很大的进步。

"张益萌"扮演者：变得更勇敢，敢于在被误解时，冷静又坚定地表达自己。

每一次排练，都是对自我的一次审视，我慢慢学会换位思考，尝试站在他人的角度去理解事情。通过这次排练，我变得更为勇敢，敢于在被误解时，冷静又坚定地表达自己。而且在和大家一起排练的过程中，我学会了团队协作，明白了只有相互配合，才能让这场戏更加精彩。

"谢昉源"扮演者：要多考虑别人的感受，不能只图自己开心。

以前我总觉得调皮捣蛋没什么大不了，就像谢昉源，觉得自己的行为只是好玩。但在排练中，我发现他的那些看似无所谓的举动，其实伤害了别人。每次演到他踢球踢到李明泽时，我心里就很不是滋味。这让我意识到，生活里我的一些玩笑话，可能也无意中伤了身边人。现在我明白了，要多考虑别人的感受，不能只图自己开心。

"李明泽"扮演者：我学会不再一味隐忍，要勇敢说出自己的感受。

当我表演李明泽被球踢到的情节时，一开始我只是按剧本演疼的感觉。但随着排练的深入，我感受到那种被无辜伤害的委屈。通过这个角色，我学会遇到不公平的事不再一味隐忍，要勇敢说出自己的感受。每次排练时的疼痛表演，都像是在给自己打气，以后再遇到类似的事，我要有勇气站出来保护自己，同时也更能理解那些默默承受痛苦的人。

2. 观众观剧思索

《我想对你说》的演出取得了良好效果。学生们目睹剧中人物从矛盾冲突到相互理解包容，开始反思自己的日常行为。曾经因小事争吵的同学，主动沟通化解矛盾；原本关系疏远的同学，也因受剧情触动，增进互动交流。在课间和课堂小组讨论时，大家更懂得倾听他人意见，减少冲突摩擦，使校园氛围更加和谐融洽。

戏剧中角色的自我反思与成长历程，激励学生深入探索内心世界。很多学生在观剧后，积极参与学校组织的关于"自我成长""沟通技巧"等主题的讨论，更清晰地认识到自身优缺点，并且在表达想法时更加自信、有条理。例如，在课堂发言和社团活动的交流中，学生们能够更准确地表达情感和观点，这为他们今后的学习和生活奠定了良好的基础。

剧中角色在解决矛盾、共同成长的过程中，展现出集体的力量。学生们观剧后，在班级活动和社团任务中，更愿意为集体贡献力量，积极参与合作项目。比如在运动会筹备和文艺汇演排练时，各班级同学分工明确、相互配合，遇到问题齐心协力解决，让整个校园充满团结奋进的正能量。

第三节 专家解析和优化

本剧是北京市朝阳区教育科学研究院附属小学门卫华、高婵、祁俊晗三位教师带领学生团队创作的。团队以非常认真的创作态度完成了这个故事，虽青涩，但胜在真诚，在本校演出时获得了师生较好的反响，在朝阳区中小学心理情景剧比赛中也获得了较好的成绩。

《我想对你说》主题清晰明确，高度契合主流价值观，从校园生活的细微处切入，以小见大，聚焦学生成长中的关键议题，引发广泛共鸣。

一、核心主题

《我想对你说》这部剧主创团队在选择主题时花了不少心思。第一，在选择主题时，要考虑这个主题是不是学生真实需要，是不是他们的实际困扰。第二，围绕这个主题，应该选择哪些具有代表性的事件以引起共鸣，为了实现第一点，门老师团队进行了学生访谈分析，在学生访谈中发现由"表达不清、理解偏差"导致的沟通障碍，为了探寻这种现象是否具有代表性，团队还进行了问卷调研，以获取故事素材。

通过对学生进行访谈和问卷调查来确定故事主题和素材，是一种常见又方便的方法。团队的做法是值得称赞的，收集到的素材也具有较强的真实感。通过一系列生动鲜活的情节，如学生因笔的损坏、抄作业、楼道踢球等日常琐事引发的矛盾冲突，真实地呈现出校园生活中人际关系的复杂性。这些看似琐碎的矛盾，实则是学生在成长过程中自我意识逐渐觉醒、价值观碰撞的表现。

在处理这些矛盾的过程中，学生们经历了从固执己见、相互指责，到学会倾听、理解和包容他人的转变，这一过程清晰地勾勒出他们自我成长的轨迹。例如，张益萌和辛然因笔的问题产生争执，双方起初互不相让，但在后续的交流与反思中，逐渐意识到自己的偏见与冲动，开始尝试站在对方的角度思考问题，这不仅化解了矛盾，更让他们在人际交往中迈出了重要的成长一步。

主题契合主流价值观。主题强调沟通与理解：剧中倡导沟通与理解在人际交往中的关键作用。班主任江老师组织的《我想对你说》活动，为学生们搭建了沟通的桥梁，让他们有机会敞开心扉，表达内心的想法和感受。在这个过程中，学生们学会了倾听他人的声音，理解他人的立场和难处，这与构建和谐社会所倡导的沟通理解精神高度一致。面对自己的错误行为，剧中角色逐渐学会承担责任，不再逃避或推诿。例如，谢昉源在意识到自己在楼道踢球给同学造成伤害后，虽然起初满不在乎，但在老师和同学们的影响下，开始反思自己的行为，这种责任意识的觉醒体现了对个人行为负责的主流价值观念。从班级内部矛盾重重到最终大家相互理解、团结友爱，该剧生动地呈现了追求和谐校园环境的过程。这不仅符合校园文化建设中对和谐、团结氛围的追求，也呼应了社会对和谐人际关系的向往。

《我想对你说》以其聚焦校园生活的独特视角，清晰明确地传达了促进学生自我成长、构建和谐人际关系的主题，紧密贴合主流价值观，具有极高的教育意义和社会价值，为校园文化建设和学生心理健康教育提供了生动且富有价值的蓝本。

二、创编内容解析

1. 结构编排：清晰合理，层次分明

在矛盾事件的设计中，创编者做了合理的铺设。剧作开篇精心选取三件极具代表性的引起同学矛盾的校园日常事件，如同学间因文具损坏起争执、抄作业引发的冲突以及楼道踢球闯祸，迅速将观众带入熟悉又充满冲突的校园场景。这些事件真实且具体，全方位展现了学生间因以自我为中心、规则意识淡薄而产生的摩擦，为后续剧情发展埋下伏笔，让观众容易产生共鸣与代入感。

在矛盾激化后，巧妙引入自我对话环节。学生们在老师引导下，有了直面内心、审视自我的契机。这一编排不仅符合心理剧引导个体自我探索的创作目的，还让剧情节奏从外部冲突转向深度的内心挖掘，使故事层次更加丰富，也让角色形象更立体饱满，不再只是简单的矛盾制造者，而是有着复杂内心挣扎的个体。

除了以上两点，本剧还通过一系列情节推进，结尾借助主题音乐和集体的反思升华主题，将校园生活中的矛盾化解上升到人际交往、自我成长与集体和谐的高度，使全剧从单纯的校园故事，转变为具有深刻教育意义和情感触动的艺术作品，给观众留下思考的空间。

2. 演绎手法运用：创新增色，富有艺术

本剧的主创团队设计的跨过"心门"的活动，在剧情关键节点出现，引发学生与自己内心对话，言语和行为外化主角内心的矛盾纠结，将抽象的心理活动具象化，帮助观众更直观理解角色内心世界，增强戏剧冲突的张力与提高情感表达的细腻度，为传统校园题材增添了独特的艺术魅力。

本剧在主题音乐运用上也可圈可点，主题音乐在关键场景适时响起，与剧情紧密配合。在矛盾激化时，音乐渲染紧张氛围；到角色自我反思与和解阶段，音乐又变得舒缓温暖，推动观众情绪随剧情起伏而变化，进一步强化主题表达，使故事的感染力达到高潮，让观众更深刻地沉浸在剧情所营造的情感氛围中，引发强烈的情感共鸣。

三、剧本优化和调整

在这部剧中，主创人员虽用三件事描述矛盾冲突方向正确，但部分事件与主题的契合度还可进一步优化。例如，部分情节仅停留在表面冲突上，对角色深层心理挖掘不足，导致与"自我成长、理解包容"主题的关联不够紧密，需深挖事件背后学生的心理动机，让每个事件都能精准指向主题，强化主题表达的力度。

在自我对话与矛盾化解环节，节奏稍显拖沓，部分情节冗长，影响剧情推进的流畅性与观赏性。后续可精简台词和情节，使剧情节奏更紧凑，在有限的时间内更高效地传递核心内容，提升观众的观看体验。

第二幕 解决矛盾

▶▶ 场景：教室，上课铃响

（同学们回到教室内，迅速坐好，李明泽小声哭泣。谢昉源的课桌上乱七八糟，他还摇着椅子，一副不屑的神情班主任江老师走进教室，环顾四周，走到李明泽面前）

班主任江老师：（温柔地）怎么了？

（李明泽，摇头不语）

谢昉源：（满不在乎地）别装了，不就是被球踢了一下么，有那么严重吗？不行的话就去医院，我家有的是钱，需要多少说一声就行。

（大家议论纷纷，乱作一团）

班主任江老师：(提高音量，表情严肃) 请大家坐好，不要议论。

刘溪：(站起来，大声地说) 老师，我请求换座位，他太讨厌了，我不想和他坐一起。

廖佳：(也站起来附和) 我也建议给他换座位，他上课总说话，影响我们小组的荣誉。

(同学纷纷附和：对，就是……让他走！)

班主任江老师：(语重心长地说) 大家静一静，谢昉源的座位已经换了好几次了，你们觉得他应该和谁坐在一起呢？

(大家你看我，我看你)

同学 A：让他一个人坐。

其他同学 (齐声)：对，让他一个人坐。(全班哄笑，同学们又议论起来，声音越来越大)

班主任江老师：(心想) 学生间的矛盾真让人头痛啊！不行我要想一个好的解决办法。咦，有了。

班主任江老师：(大声宣布) 同学们，这节课是班队会！我们要举行一个班队会活动，在举行活动之前，老师先给大家讲一个小故事！从前有座山，山里的庙里有一个老和尚，这个老和尚呀，每天都要去从山上到山下去挑水，这样日复一日，后来，又来了一个老和尚。

同学 B：(举手抢答) 老师，我知道，三个和尚的故事。

班主任江老师：这个故事告诉了我们一个什么道理啊？

同学 C：做人做事要勇于承担责任，要互相团结。

同学 D：不能自私，斤斤计较，互不相让。

班主任江老师 (微笑着点头)：大家说得都很对。现在，老师要请两位同学去办公室拿道具。

(江老师等同学拿道具回来后)

班主任江老师：同学们，今天这个活动的主题叫《我想对你说》。活动的规则是：你想对谁说之前必须跨过这扇心灵之门，走到这个同学面前，大声地说出来让全班同学都听到！

(同学们议论纷纷)

▶ **场景：心灵之门开启**

(张益萌深吸一口气，勇敢地跨过心灵之门，走到辛然面前)

张益萌：（真诚地）辛然，我想对你说，那天笔的事情我真的没有故意弄坏，我知道你很喜欢那支笔，我不该那么大声和你争吵，希望你能相信我。

辛然：（有些惊讶，犹豫了一下）其实……我也不该不听你解释，就认定是你弄坏的，对不起。

（两人相视一笑，握手言和。接着，梁如意也走到徐畅面前）

梁如意：（低着头，羞愧地）徐畅，我想对你说，我以前老想抄你作业是我不对，我知道学习要靠自己，我以后会努力自己完成作业的，你能原谅我吗？

徐畅：（笑着说）没关系，只要你以后能认真学习就好。

（谢昉源也慢慢地站起来，走到李明泽面前，挠了挠头）

谢昉源：（不好意思地）李明泽，我想对你说，那天踢球踢到你是我不对，我不该在楼道里踢球，还那么不在乎你的感受，你疼不疼啊，对不起。

李明泽：（抬起头，轻声说）没关系，我不疼了，你以后别在楼道踢球就行。

（同学们一个接一个地跨过心灵之门，向曾经有矛盾的同学表达自己的心声，大家的心结逐渐解开，教室里充满了温馨）

班主任江老师：（看着同学们，欣慰地笑了）同学们，通过今天的活动，老师希望大家都能明白，在我们这个大家庭里，要学会理解、包容和尊重他人，遇到问题要多沟通，这样我们的班级才会更加团结、友爱。

（同学们纷纷点头，脸上洋溢着笑容）

落幕。

通过上述的修改，《我想对你说》这个剧本在情节、人物和主题表达上都有了显著提升。各场景衔接更自然流畅，矛盾冲突从产生到激化，节奏把控精准。比如在描述完教室中的争吵后，自然过渡到楼道的冲突场景，毫无突兀感。且跨"心门"环节，让矛盾化解的过程更具仪式感和戏剧性，使剧情发展张弛有度、充满看点，角色性格刻画更细腻生动。张益萌的委屈、辛然的固执、谢昉源的满不在乎，通过他们的语言和动作被展现得淋漓尽致，让观众能快速理解角色特点，增强代入感。更加鲜明突出，通过同学间的矛盾化解，深刻诠释了理解、包容和沟通的重要性。尤其是在跨"心门"环节，每个角色的真诚对话，都紧扣主题，将主题从抽象概念转化为具体的情感交流，让观众更易产生共鸣。

第八章
家庭关系主题

——创编实例解析 5

第一节　原创剧本《我要我的星期天》

(该剧获得 2024 年中小学校园心理剧大赛区级小学组二等奖)

一、人物简介

丁伊林：被课外班包围的四年级学生，苦于无法和家长沟通。

丁伊林妈妈：爱孩子，又怕孩子输在起跑线上，焦虑妈妈的代表。

雷浩：丁伊林的同班同学，同情丁伊林的遭遇，自己也很无奈。

精灵 1、2、3：丁伊林画中的三个人物形象，来自无忧无虑的精灵王国。

替身 A：积极勇敢的丁伊林。

替身 B：消极退缩的丁伊林。

二、剧情内容

丁伊林是一名小学四年级学生，他的父母给他报了很多兴趣班，以至于丁伊林没有属于自己的时间，他很想拥有属于自己的生活方式。有一天，他无意中来到了自己画的精灵世界，那里没有父母的唠叨，也没有兴趣班。在那里，他自由自在，无忧无虑，沉浸在喜悦中，因而他纠结于是留在精灵世界还是回到现实世界。妈妈的一声呼喊把他拉回现实世界，他勇敢地说出自己的真实想法，并与妈妈达成一致意见，争取到了一天的自由时间。

$$第一幕$$

▶ 场景：学校教室，下课铃声响起

雷浩：(开心地将书举过头顶) 哦！放学喽！终于熬到周末了，可以好好休息一下了。丁伊林，今天我爸妈不在家，你来我家画画吧？

丁伊林：（刚开始很高兴，然后想起什么，皱着眉头，慢吞吞地收拾书包）好啊好啊……但是不行啊，晚上我有钢琴课。

雷浩：（凑近丁伊林）那改天吧，真同情你。我妈就给我报了两个班，都是我自己喜欢的。

丁伊林：（冲着观众，有些抱怨的语气）我真不喜欢周末。从一年级起就有五个兴趣班，奥数、英语、围棋、钢琴、美术，我都不知道我是怎么熬过来的。一回家我妈就在我耳边唠叨：儿子呀，奥数作业写完了吗？英语单词背了吗？今天几点练琴呢？你说我能喜欢吗？

雷浩：就是就是，我妈也这几句。我看啊，咱们早晚得被她们唠叨成学习机。

丁伊林：（面朝观众，眼中充满憧憬）真希望过一个属于自己的周末。

雷浩：（推椅子，无奈地看着台下，拿着书包从左侧台下）那简直就是幻想，先走了。

丁伊林：（面朝观众，托腮）我也想和小朋友们一起蹦蹦跳跳、打打闹闹，我希望有一个属于自己的星期天。（趴在桌子上睡着了）

第二幕

▶▶ 场景：遇见精灵

（三个精灵的戏剧性冲突引发内心思想变化，分析问题，正向引导角色。音乐起，丁伊林和精灵在台上跳舞，其中一只精灵发现了丁伊林。停了下来，其他精灵也停下来）

丁伊林：你们是谁？

精灵1：丁伊林，我们是你在美术班画的精灵呀！我是赛尔，你怕我孤单，还给我画了两个好朋友呢，就是他俩。

精灵2：我是摩尔。

精灵3：我是奥比。

精灵1：这个美丽又神奇的精灵王国是你亲手画的，要不是你画得栩栩如生，我们还不能跟你见面呢，你怎么全忘了？

丁伊林：（看向上方，感觉有些头绪）想起来了，想起来了！

精灵1：最近听说主人你很不高兴，我们特意来这里等你呢。

丁伊林：等我？

精灵2：对啊，我能听到你内心的声音。比如知道你上兴趣班很辛苦，还有一些兴趣班是不喜欢的，你还想拥有属于自己的一天。我们都有不喜欢的事情，比如我，就不喜欢对方的棋子把我团团围住，因为那就意味着我输了。

精灵3：我们这里是快乐的王国，有一个主人、两幅油画、三个精灵……加起来一共一百零八个好伙伴，我的本领是巧算，既然你喜欢这里，待在这里就好了！

丁伊林：（高兴地）没想到你们这么厉害，什么都会！

精灵1：这不都是你给我们的本领吗，没想到你也学到了这么多本领。来吧，我们四个一起跳舞吧！（四人一起高兴地跳舞）

（音乐停，四人开心地笑着）

精灵1：（先出现"嘀嘀嘀"的声音，然后看手表）丁伊林，你妈妈来了，我们得先走了。

丁伊林：好吧，拜拜。

精灵们：再见。（精灵们和丁伊林挥手道别，丁伊林依依不舍。独自一人走到舞台中间，忽然安静下来）

丁伊林：精灵世界那么好，但是现实生活我又不得不去面对，我该怎么办呢？（做思索状）

（精灵使用魔法，两个替身上台，站在丁伊林两侧）

替身B：我是人见人爱、花见花开、车见车爆胎的丁伊林。

替身A：我是风流倜傥、玉树临风、聪明勇敢的丁伊林。

替身B：我看啊，还是这儿好，没有大人管，也不用上那些无聊的课外班，就在这儿待下去吧。

替身A：我看还是现实世界好，那儿有同学和亲人，这儿呢，就三个精灵。

替身B：也不缺少什么呀，他们能歌善舞，还能陪着我玩啊。

替身A：光玩哪儿行啊，能玩一辈子吗？那三个精灵各有特长，你要让别人帮助你一辈子吗？

替身B：想那么多干什么呀？每天开开心心的不就行了吗？

替身A：开心的前提是什么？是自己有了能力能帮助别人，那才叫真开心啊！

替身B：可我也没什么本事帮助别人呀！

替身A：现实世界可以学习本领啊，要不是你每天刻苦努力，怎么可能会画出那些惟妙惟肖的精灵呢？

替身B：可是……学东西那么累，还有很多不想学也必须要学的。（语速放慢）

替身 A：你可以和妈妈沟通啊，选些你喜欢的兴趣班不就得了！

替身 B：她会答应吗？

替身 A：没试过怎么知道呢？

替身 B：我看没戏！我不管，我就要留在这。

替身 A：你不能留在这儿。

替身 B：我说的对。

替身 A：我说的才对呢。

……

（越说越激动，两人吵了起来）

丁伊林：（显得很烦躁）别吵了。（替身退场）

丁伊林：（站在舞台中间，面向观众）精灵世界那么好，但是现实生活中的老师和同学们都在等着我呢，我该怎么办呢？

第三幕

▶▶ 场景：学校教室里

（自我思考过后的解决问题）

妈妈：（从台下就开始喊，到处找，突然看见了丁伊林趴在桌子上睡着了，马上快步走到桌椅处）林林，（摇晃丁伊林）林林！

丁伊林：（听到第二次叫，醒来，抬起头看向妈妈）怎么了？妈妈，您怎么来了？

妈妈：我能不来吗？这都几点了！

丁伊林：（低头看表）都五点半了！

妈妈：（拉丁伊林胳膊）走，快跟妈妈回家！

丁伊林：妈妈，我有话想对你说。

妈妈：什么话非得现在说？赶紧回家吃饭，吃完还得练钢琴呢！

丁伊林：（语速放慢，深情地看着观众）妈妈，有些课外班我就是不想上。

妈妈：（严厉地说）不想上也得上，对你有好处，你在书中读到的那些历史文人、科学家，哪个不是挑战自己、战胜自己，才取得了伟大成就，听妈的没错！

丁伊林：（低落）妈妈，有些课外班对我是有好处。比如说画画吧，画画的时候是我最开心的。老师和同学们都夸我画得好，还让我参加全国美术大赛呢！但是有些课外班真的会对我产生负面影响，比如说奥数，每次上课我都觉得老师说的是天书，是火星文，听起来晕晕乎乎的。再说做题，仍然是满篇飘红，我都开始怀疑自己的智商了！奥数真的没有让我感觉到一点快乐，反而让我时时刻刻都有一种挫败感！难道我真的这么差劲吗？

妈妈：我说你怎么每次在上奥数课之前（字幕：天天）都肚子疼呢，原来是这样啊！

丁伊林：（不好意思）其实也不是每次都装肚子疼，每次奥数和英语都是连着上，午饭就在车上凑合了，有时候吃得太急，肚子也疼。(看着妈妈，做揉肚子动作)

妈妈：（很心疼的样子，摸头）林林，妈妈知道你很辛苦，可是妈妈也很无奈呀，你看你的同班同学，还有妈妈单位叔叔阿姨的孩子，哪个孩子周末不像赶场一样上课外班啊，妈妈只是希望你别输在起跑线上，不希望你长大后埋怨妈妈没好好培养你，时间不可逆，妈妈不想留下遗憾。

丁伊林：妈妈，我长大也想考个好大学，找个好工作，像您一样有所成就。不过，好不容易上完五天的课程，我也想有点自己的时间。

妈妈：妈妈明白，但现在对你来说，玩不是最重要的，学习才重要，妈妈得为你掌好舵！

丁伊林：妈妈，要不咱想个两全其美的办法？

妈妈：两全其美？你说说看。

丁伊林：这样，你把周末一天的时间给我，变成由我自己支配，实验期一个月。妈妈，你得答应我。

妈妈：那你说哪个课外班不想上了？

丁伊林：（大声说保证的时候，右手举起）奥数！钢琴！取消这两个，保留英语、围棋、美术！我保证用心学这三门。(双手合十，恳求的样子)

妈妈：（略有犹豫）咱们花了一万多元买的钢琴，就这么放弃了？

丁伊林：不放弃，您不能让我弹奏自己内心的声音吗？现在技法都掌握了，我可以弹我喜欢的曲子了，再说了，您不也喜欢钢琴吗？我建议啊，您也报个钢琴课外班，以后咱俩就可以合作了！

妈妈：（点点丁伊林的脑袋）亏你想得出来，忙碌地上课外班，妈妈确实忽略了让你学艺术的初心，那咱们可说好了，是实验！如果一个月后不行，还得变成五个。

丁伊林：（高兴地抱住妈妈）行，没问题。我亲爱的老妈！

(《我是一颗跳跳糖》音乐起，全体演员上台)

众人：我要我的星期天！我要我的快乐童年！

第二节 创编思路实录

在繁忙的都市生活中，孩子们的世界似乎被各种课外班、兴趣班填满，家长们的星期天也常常被这些课程占据，失去了本该属于自己的自由与快乐。《我要我的星期天》这部校园心理剧，正是基于这样的社会背景创作的。本剧通过一个四年级小学生丁伊林的故事，反映了现代家庭教育中普遍存在的问题，即家长与孩子之间的沟通障碍以及对孩子兴趣与自由的忽视。

接下来我们想跟大家分享一下该剧的创编过程，探讨其选题依据、主题思想、故事来源以及创编技术等方面的内容。

一、确定主题

1. 生活真实故事

《我要我的星期天》这部校园心理剧的创作灵感来源于现实生活中许多孩子的真实经历。在现代社会，随着竞争的日益激烈，孩子的课业负担越来越重，课外班、兴趣班层出不穷。这些课程虽然在一定程度上能够提升孩子的能力和素质，但也给他们带来了巨大的心理压力和负担。许多孩子因此失去了本该属于自己的自由与快乐，内心充满了无奈和挣扎。作为小学一线教师，我们深知这种现状对孩子成长的不利影响，因此决定通过一部校园心理剧来反映这一问题，并引导家长和孩子共同关注教育的本质，关注学生的全面发展和健康成长。

在创作初期，我们进行了大量的调研和观察，了解了孩子对于课外班的态度和家长们的焦虑心理。这些观察和调研为我们提供了丰富的素材和灵感，也为剧本的创作奠定了坚实的基础。我们希望通过这部剧，能够让家长和孩子们更加深入地了解彼此的想法和需求，促进亲子关系的和谐发展。

2."双减"政策落地

近年来，我国政府高度重视学生的课业负担问题，出台了"双减"政策，旨在减轻学生的课业负担和校外培训负担。这一政策的出台为剧本的创作提供了有力的政策支撑。剧本中丁伊林与妈妈的沟通，最终争取到了每周一天的自由时间，正是体现了"双减"政策的精神。通过这一故事，我们想引导家长和孩子共同关注教育的本质，关注学生的全面发展和健康成长。

二、主题思想

1. 展现孩子内心的挣扎与成长

剧本通过展现丁伊林在精灵世界与现实世界之间的抉择，展现了孩子内心的挣扎与成长。在精灵世界中，丁伊林虽然自由自在，但缺乏现实世界的真实与成长；在现实世界中，虽然面临诸多课外班的压力，但可以与同学、亲人交流，学习本领。这种内心的挣扎与选择，正是孩子成长过程中的重要一环。通过这一过程，丁伊林学会了解决问题，勇敢表达自己的想法，并与妈妈达成了一致意见，实现了自我成长。

2. 强调沟通与理解的重要性

剧本中丁伊林与妈妈的沟通是故事的核心。通过沟通，丁伊林表达了自己对课外班的不满和渴望自由的心情；而妈妈也逐渐认识到自己的教育方式存在的问题，开始尝试理解和尊重孩子的想法。这种沟通不仅解决了丁伊林面临的问题，也改善了亲子关系，让观众深刻体会到沟通与理解的重要性。

3. 传递积极向上的人生态度

剧本通过丁伊林的选择和成长，传递了积极向上、勇于面对困难与压力的人生态度。面对课外班的压力和束缚，丁伊林没有选择逃避或放弃，而是勇敢地面对现实，积极寻求解决问题的方法。这种态度不仅让观众看到了丁伊林的成长与变化，也激励我们在面对困难和挑战时保持积极向上的心态。

三、故事和素材来源

1. 现实生活观察

我们通过观察现实生活中的孩子和家长，了解了孩子对于课外班的态度和家长的焦虑心理。这些观察为剧本的创作提供了丰富的素材和灵感。例如，剧本中丁伊林被各种课外班包围的情境、妈妈对丁伊林学习的严格要求以及丁伊林内心的挣扎与不满等情节，都是基于现实生活而创作的。

2. 新闻报道与调研

为了更深入地了解"双减"政策出台的背景和意义，以及社会各界对于这一政策的看法和反应，我们还参考了相关的新闻报道和调研数据。这些报道和数据为剧本的创作提供了社会背景和有力的政策支撑。例如，剧本中提到的"双减"政策、家长们的焦虑心理以及孩子们对于自由时间的渴望等情节都与新闻报道和调研数据相吻合。

3. 个人经历与感悟

作为教育工作者，我们对于孩子的成长和教育问题有着深刻的感悟和理解。这些个人经历与感悟也为剧本的创作提供了丰富的素材和灵感。例如，剧本中丁伊林与妈妈之间的沟通、丁伊林内心的挣扎与选择以及最终达成的共识等情节都融入了我们的个人经历和感悟。

四、故事创编技术

1. 角色设定与塑造

在剧本的角色设定与塑造方面，我们精心设计了丁伊林、丁伊林妈妈、雷浩以及精灵等角色。每个角色都具有鲜明的个性和特点，通过角色的对话和行动展现了不同人物之间的冲突与和解以及孩子的成长与变化。例如，丁伊林是一个被课外班包围的四年级学生，他渴望自由但又不敢表达自己的想法；丁伊林妈妈则是一个爱孩子但又焦虑的代表，她希望孩子能够出类拔萃但又忽视了孩子的兴趣和需求；雷浩是丁伊林的同班同学，他同情丁伊林的遭遇但也感到无奈；而精灵则是丁伊林画中的三个人物形象，它们来自无忧无虑的精灵王国，为丁伊林带来了欢乐和自由。这些角色的设定与塑造使得剧本的情节更加生动和有趣。

2. 情节设计与冲突

在剧本的情节设计与冲突方面，首先，通过紧凑而富有张力的情节展现了丁伊林在课外班与自由时间之间的挣扎与选择。例如，剧本开头通过雷浩与丁伊林的对话引出了丁伊林对于课外班的不满和渴望自由的心情；其次，通过丁伊林进入精灵世界的情节展现了我们在没有压力和束缚的环境中的自由自在；最后，通过丁伊林与妈妈的沟通以及内心的正邪交锋等情节展现了我们在现实与理想之间的挣扎与选择。这些情节的设计使剧本的故事更加引人入胜。

3. 对话与内心独白

在剧本的对话与内心独白方面，我们通过生动而真实的对话和内心独白反映了人物内心的想法和情感。例如，丁伊林在与雷浩的对话中表达了自己对于课外班的不满和渴望自由的心情；在与妈妈的沟通中通过深情的语气和感人的话语表达了自己内心的挣扎与选择；而在内心的正邪交锋中则通过激烈的对话和内心的挣扎展现了丁伊林的理想与现实的冲突与和解。这些对话和内心独白不仅使人物的形象更加鲜明立体，也让观众更好地理解人物的性格和行为动机以及角色之间的冲突与和解过程。

4. 团体辅导元素融入

在剧本的创编过程中，我们还融入了团体辅导的元素。例如，丁伊林与精灵之间的对话和互动可以看作一种团体辅导的过程。在这个过程中，丁伊林通过与精灵的交流逐渐认识到了自己的问题和需求，并找到了解决问题的方法。这种团体辅导元素的融入不仅丰富了剧本的情节和内涵，还有助于观众更好地理解和体验角色的成长与变化。

故事创编过程中还与心理剧中的 AB 角色技术巧妙融合，即丁伊林的替身 A 和替身 B。为了给故事中的主人公提供一个深入探索自我、处理和妈妈矛盾冲突的独特平台，在故事创编过程中，我们首先围绕整个剧本要解决的核心问题，构思出富有冲突与转折的情节，并设定好主角和配角。

在 AB 角色技术的运用中，丁伊林的两个替身上台，分别从积极和消极两个角度去阐述丁伊林内心的矛盾。在这一过程中，主人公能够从一个新的视角审视自己，发现平时难以察觉的问题，增进自我觉察。两位替身通过扮演主角，深入体验其内心世界，增进对主角的理解和同理心。

随着故事的推进，主角丁伊林通过和妈妈沟通寻找解决课外班过多问题的方案。这种结合不仅让故事更加生动有趣，还促进了个体的自我成长与人际关系的和谐，帮助个体在安全的环境中学会更好地表达自己，理解他人，共同面对生活中的挑战。

5. 价值观引导

在剧本的价值观引导方面，我们通过丁伊林的选择和成长引导观众思考亲子关系、沟通与理解的重要性以及孩子自我认知与成长的价值。例如，剧本中丁伊林最终选择与妈妈沟通并表达自己的想法，体现了沟通的重要性；而我们通过面对现实并勇敢表达自己的想法也体现了自我认知与成长的价值。这些价值观的引导不仅让观众看到了丁伊林的成长与变化，也激励我们在面对困难和挑战时保持积极向上的心态并勇于寻求解决问题的方法。

五、剧本创作过程中的挑战与收获

1. 挑战

在剧本的创作过程中，我们遇到了许多挑战和困难。

首先，如何准确地把握孩子们的心理状态和需求是一个难题。为了解决这个问题，我们进行了大量的观察和调研工作，并与孩子们进行了深入的交流。通过这些努力，我们逐渐了解了孩子们内心深处的渴望与诉求，也为剧本的角色塑造和情节设计提供了有力的支撑。

其次，如何在有限的篇幅内展现出一个完整而富有内涵的故事也是一个挑战。为此，我们精心设计了情节和对话，并注重细节的处理和情感的表达。我们希望通过紧凑而富有张力的情节设计，让观众能够身临其境地感受到孩子们在面对现实压力时的内心世界。同时，我们也注重通过生动的对话和内心独白来展现人物的性格和行为动机，让观众更好地理解和感受角色的成长与变化。

2. 收获

通过剧本的创作和演绎，我们收获颇丰。

首先，我们更加深入地了解了孩子们的心理状态和需求以及家长们的焦虑心理和教育方式等问题。这些了解为我们今后的教育工作提供了有力的支撑和宝贵的借鉴。

其次，我们学会了如何运用团体辅导的元素来丰富剧本的情节和内涵并引导观众思考价值观问题。这些技能对于我们今后的剧本创作和教育工作都具有重要的意义。

最后，我们还结识了一群志同道合的朋友和合作伙伴，共同为孩子们的健康成长和教育事业贡献力量。

3. 社会影响与反响

《我要我的星期天》这部校园心理剧推出以来受到了广泛的关注和好评。它不仅在校园内引发了师生们对于亲子关系和沟通问题的深入思考和讨论，还在社会上产生了积极的影响和强烈的反响。

首先，在校园内，该剧成为师生们热议的话题之一。许多老师和学生表示该剧贴近现实生活、情节紧凑生动、角色形象鲜明立体，让他们深受触动和启发。通过观看该剧，他们更加深入地了解了孩子们在面对现实压力时的心理状态和需求，也学会了更加关注和理解孩子们的想法和情感。同时，该剧也激发了他们对于亲子关系和沟通问题的思考和讨论，促进了师生之间的交流与互动。

其次，在社会上，该剧也引起了广泛的关注和强烈的反响。许多家长和专家表示该剧反映了现代社会中普遍存在的亲子关系和沟通问题，具有深刻的教育意义和社会价值。他们认为该剧通过生动的故事情节和角色塑造，成功地引导了观众思考亲子关系、沟通与理解的重要性以及孩子实现自我认知与成长的价值。同时，该剧也提醒家长要关注孩子的兴趣和需求，尊重他们的想法和选择，为他们创造一个更加宽松和自由的成长环境。这些观点和看法得到了广泛的认同和支持，也使该剧在社会上产生了积极的影响和强烈的反响。

4. 学生及家长的出演观看感受

在剧本的创作和演绎过程中，学生们也积极参与其中并给予了宝贵的反馈。他们不仅为我们提供了许多生动的素材和丰富的灵感来源，还在角色扮演和情境模拟中展现出了出色的表演才能和同理心。通过参与剧本的创作和演绎，学生们也更加深入地了解了亲子关系和沟通问题的重要性，并学会了有效沟通的技巧和方法。他们的参与和反馈为我们提供了宝贵的经验和启示，也为今后的教学工作提供了有益的借鉴和参考。

以下几篇作文稿，记录着剧中小演员的参演感悟。

在《我要我的星期天》这部剧中，我登上舞台，变成了丁伊林，全身心地去展现他的倔强与执着。每一次念出台词，把情绪释放出来，我就感觉离这个角色更迈一步。演出快结束时，看着台下的观众，我不禁在心里问自己：我又何尝不是他？

丁伊林的生活，完全被功课霸占了。课程表密密麻麻，作业一堆又一堆，周末的美好时光全没了。这太像我以前的日子啦，每天忙忙碌碌，生活单调又无趣，像机器人一样按部就班地往前走。剧里的那些台词，说出了我心底藏了好久的愿望：好想有个悠闲的星期天，去听听鸟儿欢快的歌声，好想跟小伙伴们一起玩耍、尽情欢笑，好想安安静静地看几本自己喜欢的书，一头扎进奇妙的故事里……

现在，演出结束了，我越发明白，丁伊林就是另一个我。通过他的故事，我开始和爸爸妈妈有了新的交流。这场演出就像一把有魔力的钥匙，打开了理解的大门，我懂得了父母的用心，父母也看到了我的想法。我仿佛看到丁伊林在向我挥手，告诉我只有勇敢说出自己的想法，才能变成自己的追梦人。

真的特别感谢张怡老师和马嘉晨老师为我们"发声"，助我们喊出内心的渴望，同时指导我和我的同学们一起完成了这次心理剧的演出，让更多同学都能感同身受，化身丁伊林。今后，带着这份成长带来的力量，不管遇到什么困难，我们都要勇敢地去追求属于自己的精彩人生。

呼家楼中心小学　五年级 12 班　张莘杭

（剧中扮演丁伊林）

这部心理情景剧讲的故事，其实在真实生活中并不少见。我有一个朋友的妈妈就给他报了各种课外班，他每天都像机器人一样重复着这些动作：放学—上课外班—回家写作业—睡觉。因此，我演这部剧的时候就有一点小期待，希望他的家长能够看到这部剧，在看到以后能给他减轻一点负担。

呼家楼中心小学　五年级 9 班　薛云棣

（剧中扮演精灵 1）

参与此次心理剧的演出，我收获颇丰，有以下两点感悟。

其一，关于演出体验。在表演技巧方面，我掌握了如何更生动地传达角色情感，引领观众沉浸于剧情之中。我在剧中饰演反派角色，通过多次和老师同学交流，让表演更生动，通过反复钻研角色的神态、语气与动作，力求精准诠释其复杂心理。这一过程，让我深切体会到演员的艰辛。最终成功塑造出令人信服的反派形象，也使我领悟到"水滴石穿"的真谛：只要坚持不懈，点滴努力终能汇聚成强大力量。

其二，针对剧本内涵。剧中妈妈为孩子起跑助力，尽显母爱的深沉与无私。主角与妈妈通过协商化解难题，让我明白沟通是解决问题的关键。面对分歧，真诚沟通往往能达成共识，找到妥善解决问题的方法。在以后的生活中，要是和家人意见不同，我会先冷静、认真地听他们说，再清楚地讲出自己的想法，一起想办法或者找别人帮忙。我相信，只要好好沟通，很多问题都能解决。

总之，《我要我的星期天》这部心理剧，不但让我学到了表演技巧，还让我懂得了生活的道理，在拓宽了我认知的同时，让我在表演技能与人生道理上皆有所得。

呼家楼中心小学　五年级9班　刘梓庭

（剧中扮演替身B）

在最初研读剧本的时候，我仿佛打开了一扇通往另一个世界的大门，那个世界里有像丁伊林一样被课外班"包围"的孩子，还有像我所扮演的这位满心焦虑却又无比疼爱孩子的妈妈一样的人。我开始尝试去理解她，为什么要给孩子报那么多兴趣班呢？是社会的压力，是对孩子未来的担忧，她害怕孩子输在起跑线上，所以才急切地想用各种知识和技能武装孩子。

排练的过程就像是一场漫长而又充满挑战的冒险。每一次念出台词，我都努力让自己沉浸在"妈妈"的情绪里。我不断地琢磨语气、表情，怎样才能让观众一眼就看出这是一位望子成龙的母亲。

终于到了正式演出的那一天，当聚光灯打在身上，台下一双双眼睛注视着我们，我深吸一口气，让自己彻底变成那位忙碌又焦虑的母亲。听到观众们随着剧情时而发出的轻声叹息，时而爆发出的会心笑声，我知道我们的表演触动了他们。

演出结束了，通过这次表演，我好像一下子长大了许多。我懂得了父母的不易，原来他们为我们默默承受了这么多压力，做每一个决定都要经过深思熟虑。我也学会了换位思考，以后再面对爸爸妈妈的一些要求时，我不会轻易地抵触，而是会想一想他们的出发点。这次出演"妈妈"的经历，不仅仅是一场舞台上的表演，更是一次心灵的成长之旅，它会永远留在我的记忆深处，时刻提醒我珍惜和父母相处的时光，理解他们的爱。

呼家楼中心小学　五年级9班　张芷馨

（剧中扮演妈妈）

第三节　专家解析和优化

本剧是北京市朝阳区教育科学研究院附属小学张怡、胡冬卿、马嘉晨三位老师带领学生创作的。剧本成功地展现了孩子与家长之间的沟通与理解问题以及孩子的成长与变化过程。它不仅让观众看到了丁伊林的成长与变化，也激励我们在面对困难和挑战时保持积极向上的心态并勇于寻求解决问题的方法。

一、主题选取：从现实中提炼教育的温度

一个好的校园心理剧主题，往往能像一面镜子，既照见社会现实，又引发观众思考。我们从《我要我的星期天》的主题选取中看到了创编者们在主题上的三大亮点。

1. 扎根现实痛点，引发共鸣

剧本聚焦"课外班压力"这一普遍性话题，通过丁伊林的经历，将无数孩子"被安排"的童年困境具象化。比如丁伊林抱怨"周末有五个班"，雷浩提到"赶场式上课外班"，这些细节让观众立刻联想到真实生活场景。创作者借助一线教师的身份优势，敏锐地捕捉到家长"怕孩子输在起跑线"的焦虑与孩子渴望自由的矛盾，这种"双向困境"的呈现，让主题更具现实穿透力。

2. 借力政策导向，深化立意

在"双减"政策的背景下，剧本巧妙地将政策精神转化为故事内核。丁伊林最终通过沟通争取到"实验性自由时间"，既呼应了政策倡导的减负理念，又避免了生硬说教。这种将社会热点转化为戏剧冲突的方式，让教育议题变得鲜活可感。

3. 关注成长本质，传递希望

创编老师对主题的把控上并未停留在批判现状上，而是通过"精灵世界"的幻想与现实世界的和解，引导观众思考教育的本质。例如，替身A强调"学习本领才

能帮助别人"，精灵提到"你的画让我们活过来"，都在暗示兴趣与内驱力的重要性。这种正向引导，让剧本超越了单纯的问题呈现，成为一堂生动的成长教育课。

在这里我们给所有的创作团队一些建议，在确定剧本选题时，不妨从三个维度思考：第一，是否触碰真实痛点？第二，是否具备时代价值？第三，能否提供建设性视角？就像剧中用"争取一天自由"替代"彻底反抗"，这样既真实又充满解决问题的智慧。

二、创作解析：让心理剧技术为故事赋能

本剧的创作手法堪称校园心理剧的范本，其中的两大特色尤为突出。

1. 心理剧技术的创造性运用

（1）替身AB技术，将主人公的内心冲突外化为两个具象角色。替身A（积极自我）与替身B（消极自我）的争吵，比单纯旁白更直观展现抉择的艰难。这种设计让观众像观看"思维辩论赛"，理解孩子为何既想逃避又渴望成长。

（2）隐喻化场景，精灵世界不仅是逃避现实的乌托邦，更是主人公艺术创造力的象征。当精灵说我们是你亲手画出来的，暗示课外班中真正有价值的，是孩子发自内心热爱的部分（如美术）。这种将抽象心理具象化的手法，让主题的表达更有层次。

我们需要看到的是精灵世界的乌托邦过于绝对，我们可以设置"无忧但停滞"，与现实"有痛但成长"形成价值对照。

2. 戏剧结构的精心设计

在结构设计上，本剧采用了三幕剧的经典架构：冲突建立（与雷浩对比凸显压力）→幻想突围（来自精灵世界的诱惑）→现实和解（与妈妈沟通），这符合"发现问题—探索问题—解决问题"的心理辅导逻辑。

本剧还运用了反转设计，当观众以为故事会以"留在精灵世界"收尾时，妈妈的一声呼喊将剧情拉回现实。这种处理既避免了美化逃避，又为亲子沟通埋下了伏笔，体现出创作者对教育规律的深刻理解。

另外，本剧在细节设计上也值得借鉴。剧中丁伊林装肚子疼、在车上吃午饭等情节，让压力描写具体真实。而幽默的台词也能化解沉重感，如替身B自称"车见车爆胎"，精灵用巧算自夸有"一百零八个伙伴"，使严肃的话题举重若轻。

三、优化建议：让故事更具生长力

《我要我的星期天》这个剧本已具备较强感染力，若从专业视角微调，可进一步提升作品深度。

1. 角色塑造的立体化

在本剧中，对角色塑造的立体化可增加以下两个方面。

（1）可以给妈妈更多转变契机。目前妈妈的转变稍显突兀，可增加细节铺垫，让她的反思更有依据。具体修改如下。

第三幕

母亲：（翻出手机相册）你看王阿姨家孩子，二年级就考过 PET 了！

丁伊林：（突然打开美术本）妈，这是我的新画。（画上是扭曲的钢琴键缠住小人）

母亲：（愣住）这是……？

丁伊林：每次练琴时我都觉得这些黑键白键像监狱栏杆。（撕下画纸慢慢卷成望远镜）但用这个看，（将纸筒对准母亲）我看见了小时候您带我听音乐会，眼睛发亮的妈妈。

母亲：（声音哽咽）那时候……你说要成为把彩虹装进琴声的人……

（2）丰富精灵的象征意义。让三个精灵分别对应丁伊林被压抑的不同需求（如创造力、玩耍欲、自主权），在争吵时各自代表一种心理诉求。

2. 冲突解决的层次感

（1）增加沟通波折。丁伊林首次表达想法时，妈妈可先本能拒绝，后因某个触发点（如看到孩子疲惫睡颜）才转变态度，让和解更具说服力。

（2）展现选择代价。在争取自由时间后，可插入丁伊林主动规划周末的小片段（如组织同学写生），体现"自主权"与"责任感"的共生关系。

《我要我的星期天》的成功，在于它用戏剧的形式，搭建了一座连接孩子心声与家长焦虑的桥梁。当我们看到丁伊林最终不是通过对抗，而是用"实验一个月"的智慧方案争取理解时，便明白好的教育剧从不是说教，而是唤醒。期待更多创作者以这样的敏锐与诚意，让校园心理剧真正成为照见成长、温暖心灵的微光。

第九章
青春期心理主题
——创编实例解析 6

第一节　原创剧本《我不是小透明》

(该剧获得 2024 年中小学校园心理剧大赛区级中学组一等奖)

这部剧通过主人公张芷颀内心两个声音的碰撞，梳理了自己因为恶意的评论丧失信心又重新尝试的过程。通过展示学生的内心变化，表达了青春期孩子敏感、注重同伴评价，导致自己容易退缩的情况，进而引发学生的共鸣，引导学生自我教育、自我发现和自我成长。

一、人物简介

张芷颀：主人公，性格敏感、内向，热爱朗诵却又不敢表达，遭遇过负面语言的评价，所以在人际交往方面比较被动、内心冲突较大。

天使：主人公内心最爱自己的部分，会为主人公着想。

恶魔：主人公内心纠结的一面，面对某些事情会退缩。

老师：班主任，引导同学们表演。

妈妈：张芷颀的妈妈，很爱自己的女儿。

石虓畅：学生兼路人，表演魔术。

肖左左：学生，表演街舞。

赵嘉彤：学生兼路人，朗诵。

路人角色内容：成功的职场新人、失败的职场人士、小学生、大学生、老人。

二、剧本内容

$\boxed{\text{第一幕}}$

▶ 场景：家里

旁白：我从小就知道机会一直是留给有准备的人的，但当机会真正来临时，你真的有勇气去尝试吗？

张芷颀：唉！稿子终于写完了，明天就是高台演讲了，我再好好练练。我走的每一步都是有色彩的，它可能是成功的蓝，失败的灰……诶？怎么又忘词了？勇气的红，真理的紫！

妈妈：（咚咚咚）芷颀啊，练得怎么样了？我进来了啊！妈妈刚才在外面听了有一会儿了，你的声音非常完美呀，高昂又充满情感。妈妈知道你这个稿子写得特别好。来，喝了这杯特地为你准备的安神奶，今天晚上睡个好觉，明天早上妈妈给你做早餐啊，那就先不打扰你了！

张芷颀：哎——妈！

妈妈：怎么了？

张芷颀：妈！就是这个地方。

妈妈：哎呀，瞧我这记性！今天收拾房间时把你小时候的日记本给找出来了，看见那个日记本，妈妈就想起你六岁那年。那是你第一次登上演讲台，你在台上闪闪发光，妈妈在台下看得可幸福、可感动了，台下的人都为你喝彩。所以啊，妈妈相信你明天一定会成功的。我先回屋了，有什么需要再叫我啊！

第二幕

▶▶ 场景：学校汇演

老师：同学们，大家的节目都准备好了吗？

同学：准备好了。

老师：好，掌声鼓励！

（肖左左跳街舞，石虓畅表演魔术，赵嘉彤朗诵）

老师：同学们，他们表演得好不好？还有哪一位同学想来展示？

张芷颀：我……妈妈明明昨天还在夸我，说我演讲得很好，可是跟他们的作品比起来，我的作品简直就是一团糟，可是……可是……我还是想试试！

恶魔：等等，你真的准备好了吗？你看看他们准备得多充分啊！再看看你昨天晚上还在忘词。

天使：忘词？那已经是昨天晚上的事情了，今天绝对会万无一失！而且从你第一次登上演讲台的时候我就知道你有这个天赋！

恶魔：可你六岁那年登台前也很紧张啊，再说了，不要把你的缺点暴露给大家，否则大家会笑话你一辈子的。

天使：你不是希望被别人看见吗？这是多好的机会，你可要好好把握啊！去试试吧！

恶魔：别去！

天使：你要去！

恶魔：你绝对不能去！

天使：你必须要去！

恶魔：不！

天使：必须！

芷颀：够了！

第三幕

▶▶ 场景：家里

张芷颀：今天没有参加演讲，这件事要怎么和我妈妈讲啊？我如果跟妈妈如实说，我妈妈会不会骂我啊？那我就说我今天的演讲特别顺利？不行不行，唉，我该怎么办啊？

妈妈：呀！芷颀怎么在门口不进去啊？

张芷颀：啊……这，我刚回来！

妈妈：来和妈说说今天在学校的表演怎么样呀？哎呀，你先把书包给妈妈，别背着了，怪重的！和妈妈说说今天感觉怎么样？

张芷颀：不是，我今天……

妈妈：我知道你是有点紧张吧，没事儿，那么大的舞台紧张是正常的啊！怎么了？

张芷颀：没事……

妈妈：哈哈哈，我就知道你肯定特别成功吧，毕竟你从小就在这方面特别优秀，为了庆祝你今天的成功，妈特地给你买了一大篮子菜呢。你等着，妈妈这就去给你做菜。一会儿啊，咱娘俩坐在饭桌上慢慢聊。

张芷颀：妈妈终于走了，可为什么我的心里还是有一块大石头呢。我今天没有去演讲这个决定到底是不是正确的？如果我今天大大方方地走上了演讲台，那结果会不会不一样呢？

旁白：妈妈的话让芷颀更加忐忑不安，她想寻求网友们的帮助。这时，她拿起了手机。

张芷颀：我去看看别人是怎么说的吧。

旁白：芷颀经历了这件事，她的内心更加犹豫不决，她不知如何面对妈妈，更不知如何面对自己。

第四幕

▶ 场景：评论区

评论区（家长）：如果你是我的孩子，我希望你能做出发自内心的判断。

评论区（老人）：我老了，我回看曾经的自己，才知道勇气是最重要的。

评论区（工作者）：昨天的述职报告，我大胆地说出了自己的想法，被老板认可了！

评论区（小学生）：姐姐，上去吧，你都准备好了，别害怕呀！

评论区（创业者）：我本来也和你一样，可尝试终究会败北。

评论区：我希望你能勇敢地做出你的选择，进一步海阔天空。

评论区：勇敢地做出你的选择。

张芷颀：够了！都别说了。

天使：你没事吧？有没有受伤？这镜子是你在六岁时第一次演讲得到的礼物，还记得吗？

恶魔：你别安慰她了，她现在需要一个人静静！

天使：不，她现在正是内心最脆弱的时候，我们需要帮她重拾信心和对演讲的热爱。对了，日记，就是这一页，你小时候的日记！

张芷颀：我的日记本！

天使：日记本上记录了你六岁的时候获得演讲比赛冠军的事儿！

恶魔：难道你忘了你上次演讲的失败吗！

天使：你别说了。

恶魔：还有那次，他们嘲笑你头发的事儿！

张芷颀：是啊，他们都在背后议论我……我甚至也觉得我的发型越来越丑了。

第五幕

▶ 场景：嘲笑回忆

同学1：哎，你看她的头发剪得好丑。

同学 2：就是就是。

主角回忆替身：低头戴上帽子。

同学 3：你大热天戴什么帽子？也不怕起痱子？

主角回忆替身：沉默离开，下场。

第六幕

▶▶ 场景：内心独白

第一个人：你做不到的，其实你还是很害怕！

第二个人：你的腿还是抖的，你手心可还冒着汗呢，你没感觉到吗？

第三个人：怕什么？就是那些声音，就是那些嘲笑。

第四个人：所以，你真的准备好了吗？

张芷顾：我害怕过，我失败过，我退缩过，我也躲过。当我犹豫的时候我觉得自己是暗淡的，但我想走出来。我们走的每一步都是有色彩的啊，它可能是成功的蓝，失败的灰，勇气的红，真理的紫！当我回看我的曾经，我走的每一步都是有意义的，我想大步向前！所以我所有的经历都不是透明的。我，从来不是小透明！

第二节　创编思路实录

这部心理剧通过以下角度叙述完成过程：确定主创团队、进行培训、头脑风暴素材拼接、确定主题、逐步共创。

一、招兵买马，开启征程

心理剧具有一定的疗愈功能，我们希望创编人员对探索自我都是感兴趣的，同时愿意参与剧中的表演。而我们所教的是初中学段的学生，在这个阶段，学生自我意识逐步发展，开始进行自我统一性的建立。大家的兴趣爱好各不相同，他们对自我也有了一定的探索。所以，我们在学校发布通知，招募对自我探索和戏剧感兴趣的同学。通知详细介绍了心理剧的独特魅力，强调这是一个探索内心、展现自我的绝佳平台，同时明确报名条件，鼓励学生积极参与。还综合考虑学生对自我探索、对戏剧的热情以及团队协作能力等因素，组建了一支充满活力与潜力、对探索自我非常感兴趣的心理剧团队，为这部心理剧的创编奠定了坚实的基础。

二、专业培训，筑牢根基

社团组建完毕，培训随即展开。首先，从学生比较熟悉的心理类电影开始，我们精心挑选了如《心灵捕手》《头脑特工队》等电影作品，让学生们观看，从而直观感受心理剧的魅力与表现形式。同时，我们也在网上找了一些学生表演的心理剧，观看结束后，组织学生深入分析剧目，从角色塑造、情节推进到主题传达，全方位剖析，引导学生理解心理剧如何巧妙地展现人物内心世界。

其次，我们还对参与的师生进行心理剧常用表现技术的训练。比如，通过独白练习，让学生学会清晰且深刻地表达内心想法；利用角色互换，让学生设身处地感受不同角色的情感与立场；借用具身的理念，引导学生用物化的方式将自己内心的情感、想法等进行外化的表达；通过时光转化，引导学生与过去、未来的自己和世界进行对话。经过一段时间的训练，学生们对心理剧的理解和表现能力显著提升。

三、头脑风暴，挖掘素材

为了创编出符合学生实际的心理剧，我们在社团活动中组织了个人故事会。学生们纷纷分享自己成长中的难忘经历，有面对挫折的迷茫、与朋友的矛盾冲突，也有自我突破的喜悦、亲子关系的委屈和温情，等等。这些故事都是学生们真实生活的展现，充满了真情实感，同时也为创作提供了丰富素材。

与此同时，我们也设置了一系列问题在学生间开展调研。

问题 1：在哪些情况下你的情绪会出现波动？

问题 2：你印象深刻的一件事是什么？

问题 3：请你详细描述当时的感受。

问题 4：面对一些冲突或者创伤，你期待能让自己舒服一些的方式有什么？

问题 5：情绪波动时，你是如何处理的？

调研结果显示，人际关系、学业压力、亲子关系等是导致情绪波动的主要因素。将个人故事会和调研获取的素材进行整合，筛选出具有代表性和感染力的内容，为后续创作指明方向。

四、逐步聚焦，确定主题

在和同学们一起探讨的过程中，我们对大量素材进行深入分析，发现初中生普遍存在过分在意他人评价的现象。初中学生，自我意识快速发展，情绪变化剧烈，更加注重同伴的评价，和家人开始疏离，会因为同伴的评价而产生内耗。一旦受到负面评价，他们的自信心便会受挫，甚至产生自卑心理。这些现象都严重影响了学生的心理健康与成长。

基于此，我们将心理剧主题确定为"挣脱评价枷锁，绽放自信光芒"，旨在引导学生正确看待他人评价，勇敢面对自我，克服自卑心理。围绕这一主题，学生们开始编写剧本，通过生动的情节和鲜活的角色，展现初中生在面对他人评价时的内心挣扎与成长蜕变。

五、共创的具体过程

在确定以"挣脱评价枷锁，绽放自信光芒"为主题的心理剧创作方向后，整个团队的热情被彻底点燃，大家满怀期待地投入挖掘素材与精心构思情节的紧张工作之中。

1. 讨论事件、共研角色

教室里，同学们围坐成一圈，气氛热烈非凡。每个人都像打开了话匣子，迫不及待地分享着自己在学习和生活中，那些因遭受负面评价而选择退缩的难忘经历。

小李同学皱着眉头，表情有些懊恼地说道："我记得有一次在课堂上，我特别积极地举手回答问题，结果答案说错了，当时就听到有同学在小声嘲笑，从那以后，我就算知道答案，也不敢轻易举手了。"

小张同学也深有感触，叹了口气说："我参加学校的绘画社团，好不容易完成一幅作品，却被社团里的同学批评说画得太幼稚，一点创意都没有，自那以后，我都不想再画画了。"

小齐谈道，自己之前留的是短发，后来头发长了一些，有一天就扎了一个小马尾，但是进入班级从门口走到自己座位的时候，不知是自己敏感，还是确实有一些不太友好的眼神，感觉自己都不敢抬头。

随着大家的分享，不难发现，这些负面评价就像一把把利刃，无情地刺痛着同学们原本热情的心，让大家的心态从最初的积极主动，逐渐变得自我怀疑、畏畏缩缩。与此同时，大家也惊奇地发现，每当面对这些困扰时，自己的大脑中仿佛有两个小人在激烈地争吵，一个总是在让自己勇敢，给自己加油，鼓励自己按照自己的方式去做，不用考虑他人的想法；另一个声音却总是回避，退缩。经过一番热火朝天的讨论，大家一致同意，将这两个声音分别命名为"天使"和"恶魔"，这样，我们心理剧中主要的两个内心角色就诞生了。

紧接着，大家开始兴致勃勃地探讨起"天使"与"恶魔"的具体形象。小王同学双手在空中比划着，兴奋地描述道："我觉得天使应该是穿着一身洁白的衣服，背后长着一对大大的翅膀，浑身散发着柔和温暖的光芒，她总是用温柔且坚定的声音鼓励我们勇往直前。"而小陈同学则眯起眼睛，脸上露出一丝狡黠的笑容，说道："那恶魔肯定是全身被黑暗笼罩，青面獠牙，眼神中透着凶狠，不停地在我们耳边说一些打击、贬低的话。"在讨论的过程中，心理剧社团的同学们也逐步地将自己内心的两个声音清晰化。

2. 拉出关键事件

（1）关键事件1——触发事件

为了顺利确定故事的主线，大家决定将班级表演节目这一常见场景作为切入点。假设故事的主人公满怀期待地想要在班级表演中展示才艺，可内心深处的恐惧却如影随形，让她犹豫不决。同学们纷纷发挥自己的想象力，将自己代入主人公的角色中，分享着脑海中"天使"与"恶魔"可能会出现的声音。"天使"用那轻柔而充满力量的声音说道："勇敢地去展示自己吧，这是属于你的舞台，你的才艺一定会让大家眼前一亮，大家都会为你鼓掌喝彩的。"而"恶魔"却在一旁冷嘲热讽，发出尖锐刺耳的声音："你还是别去丢人现眼了，要是表演得不好，肯定会被同学们笑话死的，到时候你就成了全班的笑柄。"

在对故事主线有了初步的构思后，便进入了充满趣味的演绎环节。同学们个个热情高涨，纷纷毛遂自荐，想要诠释"天使"与"恶魔"这两个极具挑战性的角色。小赵同学在演绎"天使"时，眼神中充满了温暖与鼓励，声音轻柔而坚定，将"天使"的温柔与坚定展现得淋漓尽致。而小钱同学在扮演"恶魔"时，则通过夸张的表情、尖锐的语调以及大幅度的动作，生动形象地呈现出了负面声音的强大破坏力。在一次次的演绎中，同学们对主角面对事情时内心的冲突有了更为深刻、清晰的认识。经过反复的讨论和总结，大家一致认为"天使"代表着积极向上、勇敢无畏、充满鼓励的一面，而"恶魔"则象征着消极悲观、恐惧怯懦、自我否定的一面。经过多轮精彩的表演与紧张的投票，最终成功选出了最符合"天使"与"恶魔"角色的扮演者，大家对他们的表演充满了期待。

（2）关键事件2——主人公被评价

然而，创作的道路并非一帆风顺。此时，一个新的问题摆在了大家面前：主人公为什么会如此纠结呢？为了找到答案，同学们再次化身主人公，从不同的角度讲述可能的原因。有的同学猜测是因为主人公曾经有过多次失败的经历，这些经历就像一道道阴影，深深地烙印在心底，导致她在面对新的机会时，总是害怕失败。还有的同学认为，青春期的孩子内心敏感而脆弱，对他人的评价格外在意，很容易因为外界的一点负面声音就受到影响。经过一番深入的讨论和分析，大家最终确定了主人公是因为发型被他人负面评价这一事件，导致心态发生了巨大的转变。原本自信开朗的她，在青春期这个特殊而敏感的阶段，因为外界的评价，开始觉得积极主动地表现自己是不被欢迎、不被喜欢的，所以在公开场合中，逐渐变得退缩和怯懦。

（3）关键事件3——主人公上网求助

故事的情节逐渐丰富起来，紧接着，大家开始构思主人公的求助经历。在创作过程中，大家一致认为，面对无比信任的妈妈，主人公因为内心的羞愧与恐惧，难以鼓起勇气向妈妈倾诉自己的烦恼。于是，主人公转而向网络世界中的朋友求助。同学们充分发挥自己的想象力，描绘出网友们在评论区的各种留言。有的网友留下了温暖而鼓励的话语："别太在意别人的评价，你就是独一无二的，每个人都有自己的闪光点，相信自己，你一定可以的！"而有的网友则发出了冷漠嘲讽的声音："就你这样，还想在大家面前展示自己？还是别折腾了，省得丢人。"在课堂上，同学们将这些评论生动地演绎出来，一时间，舞台仿佛变成了一个虚拟的网络评论区，各种声音交织在一起，产生了强烈的碰撞，给人带来了极具震撼的视觉和听觉冲击。

（4）关键事件4——主人公成长经历

随着剧情的推进，"天使"和"恶魔"开始梳理主人公的成长经历。大家回忆起主人公小时候在演讲比赛中荣获一等奖的高光时刻，那是一段充满荣耀与自豪的回忆，仿佛还能看到主人公站在领奖台上，脸上洋溢着自信的笑容。然而，成长的道路上并非只有鲜花和掌声，主人公也有过失败后的沮丧与失落。当主人公在家中反复练习，渴望重新踏上演讲台，再次追寻曾经的荣耀时，曾经发型被嘲笑的痛苦经历却如幽灵般再次浮现，让她陷入了犹豫和退缩的深渊。这一情节的设定，是同学们经过长时间的头脑风暴，共同探讨的结果，它深刻地剖析了主人公退缩的深层原因，让整个故事更加真实、动人。

（5）关键事件5——重返演讲台

创作进入最关键也是最为艰难的部分：如何让主人公实现自我疗愈，挣脱评价的枷锁，重新绽放自信的光芒。经过长达几个小时的激烈讨论，大家各抒己见，提出了许多富有创意的想法。有的同学提议让主人公参加一次心理辅导课程，在专业老师的帮助下，逐渐走出心理阴影；有的同学则认为可以安排主人公在一次偶然机会，结识一位充满正能量的朋友，在朋友的鼓励和陪伴下，重新找回自信。最终，大家决定让主人公从哪里跌倒就从哪里站起来，重新站在演讲台上，完成一次自我的挑战和突破。

为了生动形象地呈现主人公这一艰难的心路历程，大家齐心协力，精心设计了一个充满张力的场景。在舞台上，主人公缓缓地走向演讲台，每一步都显得那么缓慢而沉重，双腿被灌了铅一般。周围的同学们纷纷扮演起各种声音，从不同的角度描述着主人公的状态。"你的腿还是抖个不停，看来你还是没有勇气面对啊。""你肯定还是做不到的，你难道不怕再次被大家嘲笑吗？""你真的已经准备好了吗？还是再考虑考虑吧。"在这些质疑和否定的声音中，主人公的脚步不时地停顿下来，眼神中透露出迷茫和挣扎，她回望过去那个因为他人评价而受伤的自己，心中充满了纠结和痛苦。然而，在内心深处，有一个声音在不断地响起："我不能就这样放弃，我要证明自己！"终于，经过一番激烈的思想斗争后，主人公鼓足了勇气，坚定地迈出了最后一步，成功地站在了演讲台上。

此时，整个教室都安静了下来，大家都在思考一个关键的问题：主人公站在演讲台上，到底该说些什么呢？为了创作出一篇能够真正打动人心、给予主人公充分肯定与鼓励的演讲稿，同学们再次展讨论，进行紧张而又充满创意的创作。

（6）关键事件6——创编主人公的演讲稿

大家围坐在教室里，每个人的脸上都流露着专注和认真的神情。小孙同学率先发言，他皱着眉头，思考了片刻后说道："我觉得演讲稿的开头，应该先回顾一下主人公经历过的那些挫折和困难，让大家能够深刻地感受到她一路走来的不容易。"小李同学点了点头，接着说："没错，然后着重强调主人公在面对这些困难时，内心的挣扎和痛苦，这样才能引起观众的共鸣。"

在讨论的过程中，同学们你一言我一语，不断地提出自己的想法和建议。小张同学突然灵机一动，兴奋地说道："我们可以在演讲稿中穿插一些主人公小时候获得演讲比赛一等奖时的回忆，让她看到自己曾经的辉煌，从而重新找回自信。"这个提议得到了大家的一致认可。

随着讨论的深入，大家逐渐确定了演讲稿的整体框架和内容。然而，为了让演讲稿更加独特、富有创意，大家决定用不同颜色来代表主人公不同的情感与成长阶段。经过讨论，大家一致认为红色代表热情与勇气，蓝色象征冷静与思考，绿色寓意新生与希望。

在具体的编写过程中，同学们分工合作，各自负责不同的部分。有的同学负责撰写挫折经历，用深沉而有力的文字描绘出主人公曾经遭受的痛苦与磨难；有的同学则专注于表达鼓励与肯定的语句，用充满激情的语言激发主人公内心的力量。

小周同学负责编写代表勇气的红色部分，他咬着笔头，冥思苦想了许久，写下了这样一段话："曾经的我们，或许会因为他人的评价而迷失自我，或许会在挫折面前感到恐惧和退缩。但是，我们不能忘记，在我们的内心深处，始终燃烧着一团炽热的火焰，那是我们对梦想的追求，对未来的渴望。让我们鼓起勇气，勇敢地面对一切困难，向着心中的目标奋勇前行！"

而负责蓝色部分的小陈同学，则用冷静而理智的语言，引导主人公进行深刻的思考："当我们面对外界的评价时，我们要学会冷静思考，分辨哪些是真正有价值的建议，哪些只是无端的指责。不要让别人的声音左右我们的判断，要相信自己的能力，坚守自己的信念。"

在大家的共同努力下，一篇饱含深情与力量的演讲稿终于诞生了。这篇演讲稿不仅是对主人公的鼓励和肯定，更是同学们的心血结晶。它将伴随着主人公在演讲台上的精彩表演，为这部心理剧画上一个完美而又充满希望的句号。而正因为这篇演讲稿以不同颜色代表不同的成长经历，我们的剧名便自然而然地产生了——《我不是小透明》，寓意我们人生的每一步都是有意义的，从来都不是小透明。

《我不是小透明》是我们创编的第一部心理剧，没有剧本、没有思路，没有经验。一切都是从零开始，一次次的头脑风暴，一次次地加班研磨，我们带着学生一边学习，一边创作。这样的创编过程令人印象深刻，就如同《我不是小透明》中说的那样：我们走的每一步都算数。

第三节 专家解析和优化

本剧是北京市陈经纶中学李程程、余慧、冯梅三位老师带领学生创作的。李程程等老师带领团队创作的这部心理情景剧主题鲜明，剧本表现的是关于青春期孩子如何面对外界评价、如何探索自我认同，如何通过自我对话和外界支持重新找回自信，最终成长的故事。正如李老师所说，从没有剧本，没有思路，没有经验，到创作完成这部心理情景剧的历程，恰好印证了剧中"小透明"的台词：我们人生的每一步都是有意义的，会让我们更清楚地意识到自己是有力量的。

一、主题选取：从"小透明"到"自我觉醒"的青春成长

1. 聚焦真实痛点，回应心理需求

这部心理剧的主题选择精准地切中了青春期学生的核心困扰——过度在意他人评价导致的自我否定。编剧团队通过前期调研发现，初中生正处于自我意识觉醒的关键期，他们既渴望被关注，又对负面评价极度敏感，容易陷入"想表现又怕出错"的矛盾中。正如剧本中主人公张芷顾的经历：从六岁演讲的"高光时刻"到因发型被嘲笑后的退缩，再到面对演讲机会的挣扎，这些情节都源自学生真实的生活。

2. 用成长性视角化解心理困境

主题的巧妙之处在于没有停留在"痛苦倾诉"层面，而是通过"天使与恶魔"的内心对话、网络求助的多维视角，最终走向自我突破。这种叙事结构暗合心理学中的"认知行为疗法"原理——帮助个体识别消极思维，重建积极认知。剧中不同年龄段的网友评论（老人谈勇气、职场新人谈尝试）更拓展了主题的时空维度，让"挣脱评价枷锁"成为贯穿人生的成长课题。

3. 具象化表达增强共鸣

抽象的心理活动转化为可见的戏剧元素：用"天使/恶魔"外化内心冲突，用不同颜色象征情感状态（红色＝勇气、蓝色＝成功、灰色＝失败），甚至用"小透

明"的隐喻指代存在感缺失。这些设计让复杂的心理过程变得直观可感,正如学生在共创中发现的:"原来每个人心里都住着天使和恶魔。"

当前主题聚焦在"挣脱评价枷锁",但对"如何建立自我认同"的探讨稍显薄弱,可增加主人公通过具体行动重构自我价值的细节。

二、创编过程:让戏剧成为心理疗愈的"容器"

1."参与式创作"激活主体意识

创编实录中呈现的"故事会—调研—角色共创"模式极具启发性。

(1)故事会搭建安全场域:通过分享真实经历(如不敢举手发言、放弃绘画),学生卸下心理负担。

(2)调研问卷发现共性痛点:当发现"在意评价"是普遍困扰时,创作方向自然聚焦。

(3)角色共创实现自我投射:学生们在讨论"天使/恶魔"形象时,其实是在梳理自己的内心声音。这种"推己及人"的创作方式,让剧本具有天然的真实性。

2."具身化训练"打破表达壁垒

指导老师采用的戏剧训练方法值得借鉴。

(1)角色互换:让学生轮流扮演"天使/恶魔",亲身体验两种心理力量的拉锯,这种体验远比理论讲解更深刻。

(2)时光对话:让现在的自己与过去/未来的自己对话,这种超现实手法在剧中体现为"网友评论",帮助主人公跳脱当下困境。

(3)物化表达:将日记本、童年奖杯等实物作为情感载体,使内心戏外显(如第五幕主角看着日记本回忆高光时刻)。

3."阶梯式建构"打磨核心情节

创作团队通过五个关键事件层层推进。

(1)触发事件(班级表演)——制造现实冲突。

(2)评价创伤(发型被嘲)——揭示深层心结。

(3)求助困境(网络评论)——拓展解决维度。

(4)回溯成长(演讲经历)——建立情感锚点。

(5)突破重生(重返舞台)——完成认知升级。

这种结构如同心理治疗的"暴露疗法"，让主角（也是观众）在安全情境中逐步面对恐惧，最终实现自我疗愈。

然而，在整个创编过程中，我们也看到了可优化调整的问题，比如配角功能性过强：老师、妈妈等角色工具化，缺乏立体刻画，比如妈妈是否也曾有过类似经历？老师如何引导群体包容？冲突张力不足："天使"与"恶魔"的对抗多停留在语言层面，缺乏具身化动作设计（如用肢体对抗象征内心挣扎）。成长转变稍显突兀：主人公从退缩到勇敢的转变缺乏过渡（如可增加"观察他人失败/成功"的触发事件）

三、优化建议：让心理剧更具生长力

1. 增强角色立体性

（1）母亲角色可增加情感层次。现有剧本中母亲始终是"鼓励者"，若能加入她看到女儿逃避时的困惑或自我反思（如回忆自己年轻时的类似经历），亲子关系的刻画会更真实，具体如下。

（第五幕）晚餐

妈妈：今天买菜遇到王阿姨，她女儿……

张芷颐（突然）：妈，您小时候害怕过演讲吗？

（母亲切菜动作停顿，灯光转为暖黄回忆光）

（2）网友角色可增加具体化设计。让不同评论者（如老人、创业者）以实体角色出现，与主角产生互动，避免评论区沦为字幕式背景。

2. 平衡内心戏与外部冲突

（1）增加现实互动。主人公的退缩不仅来自内心，可设计同学无意间的眼神、窃窃私语等细节，外化"被评价焦虑"。

（2）强化转折铺垫。第六幕的觉醒宣言稍显突兀，可在前文增设伏笔（如看到其他同学失误但获得了掌声，发现不完美也能被接纳）。

3. 深化舞台语言表现力

（1）色彩运用。将台词中"成功的蓝、失败的灰"转化为视觉元素，用灯光颜色变化呼应心理状态。

（2）空间调度。用高低台阶象征心理位势（退缩时蜷缩角落，突破时登上高台），让舞台成为"可见的内心地图"。

优化后的剧本将更具戏剧张力与心理深度。通过具象化的冲突设计、配角的功能拓展以及意象的反复强化，观众不仅能共情主人公的挣扎，还能直观感受到"评价体系"对群体的影响，进而反思自身行为。

4. 让青春在戏剧中照见自己

《我不是小透明》的创作实践证明：好的心理剧不是"问题解决手册"，而是为青春困惑搭建的"对话场"。当学生通过角色扮演说出"我走的每一步都算数"时，他们不仅在演绎故事，更在重构对自我的认知。这种将心理教育与艺术表达融合的尝试，正如剧中那杯"安神牛奶"——未必立竿见影，却能在细品中给予成长的力量。期待未来能看到更多这样"从泥土里长出来"的校园心理剧，让每个处于青春期的孩子都能在舞台上找到属于自己的颜色。

第十章
网络心理调适主题
——创编实例解析 7

第一节 原创剧本《沉迷》

（该剧获得 2024 年中小学校园心理剧大赛区级小学组一等奖、市级特等奖）

随着科学技术的不断发展，电子设备，特别是智能手机，在人们日常生活中已不可或缺。青少年是手机使用的主要群体之一，也是潜在的手机成瘾群体。他们对社交媒体的依赖、对游戏的痴迷以及对手机的高频需求，使了解和干预青少年的手机成瘾问题越发重要。

本剧通过故事情节展示了手机成瘾可能对青少年带来的心理问题，引发了观众对青少年使用手机的反思。利用榜样性替代的角色，将心理学知识融入剧情，以更深入的方式呈现手机成瘾的本质和解决方法，同时，也呈现了家庭对于解决手机成瘾问题的影响，反映了社会对于这一问题的共同责任。本剧强调主人公通过认识问题和自我唤醒，最终实现个人成长和转变。希望本剧可以引发学生、家长、老师对青少年手机使用习惯的反思，提供一些有益的启示和实际的解决方案，促使社会更加关注和理解学生在现代生活中的心理健康挑战。

一、人物简介

小磊：男，主人公，小学五年级学生，手机成瘾。

小磊父亲：忙于工作应酬，对小磊要求严苛，却疏于照顾。

小希：女，小磊学姐，被称为"校园谷爱凌"，各方面优秀，榜样性人物。

角色 A：女，小磊的同学，扮演主角替身之一、小磊父亲的替身之一、小磊的老师、道具衣架。

角色 B：女，小磊的同学，扮演主角替身之一、小磊父亲的替身之一、道具冰箱。

角色 C：女，小磊的同学小雅，扮演主角替身之一、小磊父亲的替身之一、道具桌子。

角色D：男，小磊的同学，扮演主角替身之一、小磊父亲的替身之一、道具茶几。

老师：小磊的班主任。

二、剧情简介

小磊手机成瘾，对手机的过度依赖和沉迷不仅打乱了他原有的生活节奏，还造成了成绩的下降和与他人的矛盾。榜样典范"校园谷爱凌"的出现，给小磊打开了认识自我行为的一扇门。"瘾"也许需要的不是戒掉，而是"培养"，小磊跟随着榜样的脚步，逐步学会掌控自己的人生。

剧中主人公逐渐认识到自己的手机成瘾问题，主人公在手机世界里找到了一种逃避的方式，而手机成瘾加深了其与现实的隔阂。在剧情发展中，"校园谷爱凌"榜样示范人物的出现，使主人公逐渐觉醒，开始寻找战胜手机成瘾的方法。在同学们的支持和榜样的带领下，小磊逐渐尝试用跑步替代玩手机，从小事做起，父亲最后也开始理解小磊，回归家庭，对小磊予以肯定与支持。本剧有助于帮助观众认识到手机成瘾的危害和应对手机成瘾的方式方法，如家长无条件的支持、自我鼓励、与他人沟通、树立榜样、找到真正的意义和目标、养成良好的生活习惯等，可以帮助青少年有效应对手机成瘾问题。

手机成瘾会给个体带来认知、思维、情绪控制等机能的下降，进而出现社会功能受损的情况。在习得这些不良习惯的同时，也需要思考这些习惯形成的内因。家长忙于工作而疏于对孩子的照顾和关心，会加剧孩子手机成瘾。在亲子关系中，无条件地支持、给予无压力的爱，可以缓解手机成瘾等不良问题。本剧可以更好地引导学生、家长、老师思考和理解手机成瘾问题的根本原因，并提供有益的心理启示。

三、剧本内容

第一幕

▶▶ 场景：打游戏

（音乐起，角色C和角色D低头玩手机，快步走路上场；角色A和角色B低头玩

手机，穿插走路上场；小磊低头走路玩手机上场。伴随音乐刷手机，定型舞蹈动作）

小磊：停！（角色 A、B、C、D 动作停止，动作定型）马上就要期末考试了，不行不行，我还得再复习一下。（坐下）

角色 C：还复习什么啊，短视频没有尽头，无节制地刷吧！

角色 A：方便快捷又省脑力，海量信息没有边界，真过瘾！

角色 D：耐心这种东西，又有什么用？早就消磨没了！

角色 B：游戏世界，咱们一起开黑吧！

小磊：全军出击！

（舞蹈动作，模仿王者荣耀游戏中角色，动作定型）

小磊：哎呀！又输了！破手机！让我砸了它！（抢起胳膊砸手机）

角色 C：不要！我的眼睛离不开它！

角色 A：没了它，手能干嘛！

角色 D：砸了它，心脏会发慌，难受！

角色 B：待不住，停不下来，头脑要爆炸！（纱巾束缚在小磊胳膊上）

（小磊想尝试挣脱）

角色 A、B、C、D 齐声：我们离不开它！

小磊：好吵！我的这些心声，你们都停一下。

角色 A、B、C、D 齐声：不！我们停不下来。（四人低头玩手机，走步集中至手机道具模型后方）

第二幕

▶▶ 场景：考试不及格

小磊：什么？数学、英语都不及格！哎呀！（抱头懊悔）

角色 A：小磊，马上就要期末考试了，你的成绩还都不及格，你完喽！

角色 C：自己不上进，能怪谁呀！

角色 D：小磊，你老爸在外面这么辛苦，这就是你给他的回报？你也太不争气了吧！

角色 B：哎呀，真的是人比人气死人，还好不是我的孩子，否则呀，能活活给我气死啊！

小磊：（捂耳朵，起身站起）好了，你们都别吵了，不要打扰我玩游戏。

第三幕

▶▶场景：父子冲突

（角色A、B、C、D穿西装外套上场，摆好扮演衣架、冰箱、桌子、茶几的道具动作）

小磊爸爸：（阿谀奉承打电话状）喂？哦，王总啊，您在哪儿呢？哦，好好好，我呀，一会儿就到！

小磊爸爸：（开门回家）小磊，小磊？这孩子，这么晚了还没回家。呦，你在家呢？我叫你怎么不答应！作业写完没？（边说边打开冰箱，拿出一杯水）哎，这冰箱里的饭菜都没动呢，你没吃晚饭啊？回来就知道玩手机，唉！（叉腰喝水，把水杯放桌子上）

（小磊低头打游戏，似乎没听见爸爸说话）

小磊爸爸：哦，我跟你说啊，（边说话边脱外套，挂在衣架上）我呀，一会儿要去加班。你自己在家，好好写作业啊。少玩会儿游戏。哦，对了，你考试成绩出来了吧？考得怎么样啊？哎，我跟你说话呢，你听见没啊？跟你说话呢，听见没？（声音变大，叉腰伸手指责）

小磊：（站起身）吼什么，吼什么呀！有你这么当爹的嘛！

小磊爸爸：臭小子，你现在还敢跟我顶嘴了是吧？

小磊：我说的难道不是事实吗？

小磊爸爸：什么事实，你说！

小磊：你天天回到家，不是问我作业写完了没，就是问我成绩出来了没。然后拍拍屁股就走，我才不要你管我，我就要玩手机。

小磊爸爸：臭小子，这个时候你还要玩手机是吗？你信不信我现在就砸了它！

（父亲电话铃声响）

小磊爸爸：臭小子，等我回来再收拾你！

（小磊爸爸从桌子上拿起电话，接电话：喂，王总，马上到，马上到啊。您啊，先给我满上）

小磊：你和妈妈工作那么忙，都没怎么管过我。现在这也不行那也不行，这么多要求，我才不要你管我，我就要玩手机！

（小磊父亲心声——）

角色 C：你以为我想大声说话吗？不大点儿声就没有任何反应，就知道沉浸在手机里。

角色 D：成绩掉得这么快，都是手机害的！

角色 A：这孩子成天玩手机上瘾，可怎么管啊！青少年手机成瘾真应该得到社会的关注！

角色 B：整天沉迷于玩手机，是在膈应谁呢？

角色 C：他就是故意的！听不见我说话，我让你给我装，耳聋是吧？

角色 D：我在外面这么辛苦工作，赚钱养你，不是让你用这种态度对我的。

角色 A：从小到大你就没让我省过心，我是欠了你的吗？

角色 B：天天玩儿手机，你准备这样过一辈子吗？

角色 A、B、C、D 齐声：我和你说话，听见了没！

第四幕

▶▶ 场景：劝劝小磊

（音乐起，扮演小磊同学的角色 A、B、C、D 换好衣服上场）

角色 D：哎，那不是以前一起打球的同学小磊吗？都要期末考试了，他怎么还在玩手机？

角色 B：哎呀，他天天玩手机，我看他课也不听，期末考试肯定又不及格。

角色 D：啊，你不劝劝他？

角色 B：这谁劝得动啊，一说话就凶人。

角色 D：你说，他怎么就变成这样了呢？

角色 B：别管他，走走走。

老师：小雅，你过来一下。

角色 C：怎么了，老师？

老师：听说小磊最近总是玩手机，也不好好学习。你作为班长，能不能劝劝他？

角色 C：老师，我已经劝过好多遍了，我也无能为力了。

老师：马上就要期末考试了，你们是邻居，你说他也许听得进去。要不你再试试？

角色 C：那好吧，我再去试试。

老师：辛苦你了。

第五幕

▶ 场景：执迷不悟

（角色C小雅抬手不耐烦地看表）

角色C：小磊，小磊。

小磊：我在忙。

角色C：你怎么变成这样了？你以前不是这样的。

小磊：怎么，你说我变了？连你也来数落我吗？

角色C：我想和你谈谈。

小磊：我不想和你谈，很累！

角色C：你怎么又吵，你整天和家人吵，和老师吵，甚至和同学吵。你到底怎么了？

小磊：我怎么了？你怎么不问问你们怎么了？

角色C：你以前打篮球帅气的模样呢？在教室上自习、学习的模样呢？温柔说话的模样呢？都去哪儿了？你看看你现在的样子。整天沉迷手机，都颓废了。

小磊：你，你们，你们为什么要给我提这么多要求？你们根本就不理解我。现在，一个个的，都像枷锁一样。我受够了，真的很累。

角色C：再这样下去，你真的就是个废物了。

小磊：对，我就是个废物。我才不要你们管我。还好，我还有手机。（小磊双手举起手机）

角色C：你！跟你的手机玩儿去吧。

小磊：其实，曾经我也是个热爱生活、追求上进的好孩子啊。爸妈爱我，老师喜欢我，同学们也愿意跟我玩儿。但是，自从爸妈工作忙起来以后，爸爸管我的，只有生活。好像我活着就行，没有情感，没有温度。妈妈管我的，只有学习，学习，学习！我努力考好一次，又要求我次次都考好。还要我有特长，还要我处理好人际关系。这么多期待，这么多的要求，我真的好累呀！你们有问过我想要的是什么吗？我想要的，是陪伴，是鼓励，是爱呀。现在，我有的，只是这部手机。只有在手机的世界里，我才能找到真正的自我。忘记痛苦。（坐下玩手机）

第六幕

▶ 场景：校园榜样登场

（校园榜样人物伴随音乐跑步登场，角色B、D跑步登场，角色A、C跑步登

场。小希在手机道具屏幕后跑步运动）

角色 D：哎，你看，小希学姐！

角色 B："校园谷爱玲"！

角色 D：神一般的人物，听说她成绩特别好，刚获得全国作文和英语大赛的冠军。

角色 A：听说她爱好很多，钢琴十级，跑步也特别好，获得北京市很多奖项。

角色 C：她怎么就这么棒。真是我们的榜样！

角色 B：呀，这都不是最厉害的，听说人家每天跑步三公里，雷打不动啊！

角色 C：我也去，我也跑三公里，我要追赶她的脚步。

小磊：她就像一道光，而我……

小希：（擦汗，看到旁边的小磊）哎，小学弟，一起来跑步啊。

小磊：跑步？一步也迈不动。我正在打游戏呢。

小希：游戏？什么游戏啊？

小磊：喏。（给小希看手中的手机）

小希：独孤求败……你……你是独孤求败？

小磊：你知道我？

小希：当然，我可是昙花一现。

小磊：（立马站起来）原来是学姐啊，学姐好优秀啊……

角色 A、B、C、D 齐声：也会玩游戏？

小希：优秀？我怎么优秀了？

小磊：就是你什么都好，什么都棒。他们总说你是"校园谷爱凌"。不像我，只会玩游戏。

小希：你其实，也可以做好很多事情啊，比如说，你打游戏就很棒。

小磊：棒？除了你，从来都没有人说过我很棒。他们总说——

角色 A、C 齐声：你做得不够好。

角色 B、D 齐声：你就是个废物。

小希：那你觉得，他们说得对吗？

小磊：我，我能说什么？我成绩不好，也很无助。我甚至已经习惯了被叫作废物。可能，我就是个废物，垃圾。我什么也改变不了，只有拿着手机才能让我感到轻松，才能让我忘记那些不愉快的经历。

小希：小磊，我们是很容易被社会规则所绑架的。

角色B、D齐声：一定要拿奖状，必须要有特长。

角色A、C齐声：绝对要有规划，一定，必须，绝对。

小磊：这些绝对的背后，都是他们望子成龙的期待啊。

小希：那也是不切实际的期待啊。总是有人告诉我们应该怎么做，但其实我们也无法做好每一件事情啊。

小磊：可是，你不就是能做得很好吗？

小希：不，我曾经也和你一样，迷茫，无助，害怕失败，害怕自己不能满足大家的期待。那时候我发现，原来不能做自己，我有多么的自卑。

角色A、B、C、D齐声：原来，你也会自卑！

小磊：我，我也是，它就像一个铁笼子一样。一开始，我还会挣扎，想要逃离出去。但是，渐渐地，我开始享受起来。反正我也逃不出去。

小希：可是，这种无助的深渊会让我们深陷其中，让我们上瘾。你是否想看一看无助背后的渴望与自卑背后的能量？

角色A、B：渴望？

角色C、D：能量？

小希：比如你想要成为王者，是渴望被人看见和肯定的。能量的驱使，会帮助你寻找属于自己的信仰。

小磊：信仰？

小希：我们总是忙于满足他人的期待，却慢慢地忘记了如何做自己。

角色D：我是谁？

角色B：我想要什么？

角色C：我想成为什么样的人？

角色A：我能做什么？

小希：其实你是很聪明的呀，能在游戏中做到孤独求败。相信你带着做自己的瘾，在现实生活中也是能成功的呀。

小磊：可是，我害怕。害怕自己做得不够好。

第七幕

▶▶ 场景：做回自己

小希：我们害怕的只是一种感觉。一种自我否定的感觉。你可以尝试去跨越它。

与自己对话，建立一个"我可以"的世界。

小磊：那我应该怎么做？

小希：先从一些小事做起。比如，先和我一起去跑步呀。

小磊：跑步？我可以吗？

角色 B、D 齐声：你可以的！

小磊：我可以吗？

角色 A、C 齐声：你可以的！（更大声音）

小磊：走！——爸爸，您来了？

小磊爸爸：小磊，你这是……

小磊：我要向我的榜样小希学姐学习，每天跑步三公里，从小事做起，战胜自己，用跑步代替我对手机的瘾。

小磊爸爸：太好了！那个让我骄傲的小磊又要回来了！爸爸相信你！（爸爸拥抱小磊）爸爸以后也会推掉那些没必要的应酬，多陪陪你。（小磊爸爸转身对同学）也要谢谢同学们对小磊的帮助，谢谢！（其他同学做回应式的微笑点头）

（台上七人一起跑步至台前，跑步定格）

角色 A、C 齐声：努力一点，世界会给你惊喜。

角色 B、D 齐声：即使充满质疑，也要无所畏惧。

小希：大好的青春，怕什么？往前跑。

小磊：追光的人，必将——

台上七人齐声：光芒万丈！

（台上七人继续原地跑步。结束，共同谢幕）

第二节　创编思路实录

一、创作动机：从咨询室到舞台的跨越

作为心理教师，我们接触过很多因网络成瘾而陷入困境的家庭。最小的来访者仅小学三年级，因沉迷短视频拒绝上学；初、高中生因熬夜打游戏导致成绩断崖式下滑；更有孩子以"不让我玩手机就不上学"威胁父母。手机成瘾从来不是孤立的行为问题。在咨询中，我们逐渐触摸到问题的核心：许多孩子将手机视为逃避现实压力的"安全屋"。一个男孩坦言："游戏里有人夸我厉害，现实里老师总说我'不上进'。"这些倾诉让我们意识到，成瘾背后是未被满足的情感需求——认可、陪伴、自我价值感，是青少年逃避现实压力、家庭沟通断裂、同伴关系疏离的复杂心理动因。家长常陷入两难：强制没收手机会激化矛盾，放任不管则眼睁睁看着孩子沉沦。班主任的无奈、家庭的争吵、孩子的自我否定，构成了一个亟待破解的恶性循环。

在心理咨询中，我们尝试通过"替代疗法""同伴影响""逐步脱敏"等方法帮助孩子重建生活秩序。但个案干预的局限性促使我思考：如何让更多家庭系统性地理解成瘾本质？如何将心理学技术转化为具象化、可感知的教育场景？最终，我决定以心理情景剧为载体，通过戏剧冲突呈现问题根源，用角色成长传递解决方案。

二、创作过程：现实生活的戏剧淬炼

《沉迷》的创作灵感，来源于现实生活中真实而迫切的需求。剧本通过主人公小磊的经历，展现出沉迷手机对青少年学习、生活和人际关系的深远影响。在创作初期，我采用集体创编的方式，组织有网络成瘾困扰的学生参与剧本创作。他们坦诚分享自己的经历，那些因游戏、短视频而熬夜的时光，因手机被没收而与父母爆发的冲突，都成为剧本中真实而动人的细节。

为了增强剧本的感染力，我们借鉴了心理剧的技术手法，如制造悬念、重复关键场景、渲染心理冲突等。剧中，小磊在虚拟与现实的挣扎中，多次出现手机屏幕的特写，象征着他被数字世界吞噬的内心。同时，我们引入"同伴榜样"这一重要元素，设计了小希学姐这一角色。她以自身经历，引导小磊发现跑步等健康活动带来的多巴胺分泌，帮助他逐步戒除手机依赖。这一设计基于心理学中的"替代行为疗法"，通过新行为的建立，打破原有的成瘾循环。

在剧本编排上，我们注重心理变化的层次递进。小磊的转变并非一蹴而就的，而是在多次反复中逐渐觉醒。例如，在小希的鼓励下，他最初尝试用跑步代替玩手机。在爸爸做出改变后，他重新感受到家庭的温暖，才真正下定决心改变。这一过程，既展现了成瘾行为的顽固性，也传递出家庭支持对心理健康的重要性。

同伴关系的塑造是剧中的另一亮点。小磊的朋友们，从最初的"手机盟友"到后来的"戒瘾伙伴"，他们的转变形成了一股正向力量。这一场景不仅具有象征意义，更通过集体行动强化了戒瘾的决心，体现了同伴支持在行为改变中的关键作用。

在排练过程中，我们引导学生演员深入体验角色心理。他们通过"空椅子技术"，模拟与手机对话的场景，表达内心的依赖与挣扎。这种角色扮演的方式，让演员们深刻理解了成瘾行为的复杂性，也帮助他们找到了戒除的方法。例如，饰演小磊的学生，在排练后主动减少了手机使用时间，并开始尝试将绘画作为新的兴趣点。

三、剧本分析：解剖成瘾困境

第一幕以极具冲击力的视觉语言开场，背后是成瘾表象与心理机制的交织。首先，将舞台设计符号化，角色 A、B、C、D 以机械舞步环绕主人公小磊，象征短视频、游戏等应用对青少年的"数字围剿"；其次，使用了替身技术来外化冲突——配角用纱巾束缚小磊的手臂，隐喻成瘾行为的生理性依赖（如多巴胺的即时反馈）；舞台中也有群体性的台词设计——"我们离不开它！"通过集体重复，强化成瘾行为的强迫性特质。通过夸张化呈现，将"隐性心理依赖"转化为"显性戏剧冲突"，帮助观众直观理解成瘾的神经机制。在第三幕中，父亲与冰箱、衣架等道具的互动具有深意，象征着家庭系统的裂变与修复。首先，剧情的设计将沟通模式物化，父亲一边打电话应酬，一边机械式询问作业和成绩，暗示亲子关系沦为"事务性交接"；同时，父亲对待领导和对待儿子的态度形成鲜明对比。当父亲指责小磊时，配角以画外音形式呈现其真实心理：我在外面拼命工作，不就是为了你吗？揭露中国式家长"错位的爱"。在最后的一幕中，父亲推掉应酬陪跑与小磊锁手机的同步动作，诠释了"关系重建需双向奔赴"，父亲的态度转变体现了家庭支持的重要性。

四、心理技术的舞台化实践：从理论到行动脚本

1. 榜样替代法的具象呈现

"校园谷爱凌"小希的设计打破了传统说教模式，让小希在表述中去完美化人设。小希坦言自己曾因害怕失败而自卑，消解观众对"榜样"的距离感。学生榜样小希也主动暴露游戏经历，打破青少年对"说教式优秀"的天然抵触。同时，剧中采用了游戏化对话策略，用"独孤求败"等游戏术语与小磊建立共情，再自然导入跑步挑战。小希学姐的积极行为也给小磊的成瘾行为提供替代性解决方案，通过跑步等健康活动代替玩手机，帮助小磊转移注意力，分泌多巴胺，缓解焦虑。通过同伴的影响，起到了榜样示范作用。

2. 行为激活原理的应用

鼓励小磊每天跑步，从小事做起，一步一步适应，或使用逐步脱敏法，从小事做起，一步一步戒掉自己的瘾。这些都在本心理情景剧中的问题解决部分进行了贯穿和应用。通过运动分泌内啡肽替代多巴胺刺激，重构奖赏回路。剧中用"汗滴特写"与"手机反光"的对比镜头，强化生理愉悦迁移的可行性。

五、教育效果与价值：戏剧作为疗愈的起点

《沉迷》的演出效果很好。许多观众表示，剧中的情节仿佛是自己的真实写照，小磊的转变让他们看到了希望。当小磊与父亲在星空下奔跑时，观看剧目的老师、家长和学生，眼中有被触动的泪光。网络成瘾的破局之道，从来不是简单的"戒断"，而是帮助青少年找回自己被遮蔽的生命星光。家长们反馈，自己看完后也会有反思，孩子也开始有些许触动和改变，家庭氛围有了明显改善。更重要的是，剧中的解决方案，如运动替代法、家庭沟通法，被许多家庭采纳，并取得了积极的效果。心理情景剧不仅是问题的呈现，更是希望的播种。相信《沉迷》能够引发更广泛的社会讨论，推动家庭、学校和社会形成合力，共同应对手机成瘾这一时代挑战。

第三节 专家解析和优化

本剧是清华大学附属中学管庄学校肖秦、王精华两位老师带领学生创作的一部原创心理剧。

一、主题解析：如何让社会痛点成为教育契机

网络成瘾是当代青少年心理健康的典型议题，但如何让这一"老生常谈"的话题引起观众共鸣？该剧的创作团队抓住了以下三个关键点。

1. 从现象到本质的深度挖掘

许多同类作品容易停留在"手机有害"的批判层面，而《沉迷》的独特之处在于揭示了成瘾行为的心理根源。通过主人公小磊与父亲的冲突、与同学的疏离、对榜样的渴望，观众看到的不只是"孩子沉迷手机"，而是"孩子在逃避什么"。剧中"手机是安全屋"的隐喻，精准呈现了青少年用虚拟世界填补现实情感空缺的心理机制。这种设计让主题从简单的行为矫正，上升到了理解青少年心理需求的高度。

2. 家庭—社会双重视角的平衡

剧本巧妙避免了"非黑即白"的归因。一方面展现了父亲忙于工作、忽视情感沟通的家庭困境；另一方面也通过同学间的对话（如"别管他，劝不动"）、校园环境（如成绩至上的压力）折射出社会氛围对青少年的影响。这种多维度的呈现方式，既让家长看到了自身责任，也促使观众思考教育评价体系的深层问题。

3. 解决方案的可行性设计

不同于"砸手机""断网"等粗暴干预，剧中提出的"替代性活动""家庭陪伴""榜样引领"等策略，均基于心理学实证研究。例如，用跑步替代游戏的设计，暗合行为激活疗法原理；父亲从缺席到陪伴的转变，则呼应了依恋理论中"安全基地"的重要性。这些方案让观众不仅看到问题，更看到改变的可能路径。

优秀心理剧的主题应具备"痛点精准、归因立体、解法温暖"的特质。与其泛

泛而谈"远离手机",不如带观众看清"手机为何成为孩子的避难所"。我们可以看到当前剧本更多呈现成瘾的表象(如成绩下降、家庭矛盾),如果进一步揭示"即时反馈机制""多巴胺依赖"等神经科学层面的成瘾本质,可在现存剧本上更进一层,比如通过角色独白或象征性动作(如用灯光模拟手机屏幕对大脑的"吞噬")强化这一维度。小磊的转变略显线性,缺乏反复与真实的挣扎性,如果增加类似"戒断反应"场景,比如跑步时忍不住摸手机,可以更好地体现行为改变的艰难性。

二、创编解析:让心理学原理"活"在舞台上

该剧将专业心理技术转化为戏剧语言的手法值得借鉴,主要体现在以下三个方面。

1. 替身技术与道具隐喻的运用

(1)数字围剿的视觉化。第一幕中角色 A、B、C、D 以机械舞步环绕小磊,手机模型化作牢笼,将"算法控制"转化为直观的肢体压迫感。

(2)内心冲突的外显。纱巾束缚手臂象征多巴胺成瘾,角色 A、B、C、D 交替扮演"游戏诱惑"与"现实批判",让抽象的心理博弈具象化。

(3)家庭互动物化。冰箱里的冷饭、永远挂着的西装外套,成为亲子疏离的沉默见证者。这些设计让观众"看见"了原本不可见的心理状态。

2. 榜样人物的去魅化处理

"校园谷爱凌"小希的角色设计打破常规,她坦言自己也曾自卑、爱打游戏、害怕失败。这种"不完美榜样"反而增强了可信度——当她展示跑步记录时,手机屏幕上的"三公里"和游戏中的"昙花一现"并列,暗示健康成就与虚拟成就的共通性,消解了青少年对"说教式优秀"的抵触。

3. 戒断过程的真实性呈现

剧中没有安排"顿悟式改变",可以尝试增加角色的反复挣扎:小磊第一次跑步时的气喘吁吁、删除游戏前的犹豫、与父亲和解时的试探,这些细节符合行为改变的"阶段理论"(前意向→意向→行动)。特别是在第七幕中,小磊说"我害怕自己做不好"时,台下青少年观众频频点头。这正是创作者的高明之处:接纳改变中的脆弱,比宣扬"完美逆袭"更有力量。

心理情景剧的感染力来自"专业原理的生活化翻译"。当观众在角色身上看到

自己的影子，在冲突中理解行为背后的逻辑时，教育便自然发生了。

三、优化建议：让疗愈效果更持久

该剧虽然具备较强的教育价值，但仍有提升空间。

1. 强化家庭改变的复杂性

父亲从"应酬狂魔"到"陪跑爸爸"的转变略显突兀。建议增加过渡情节。

（第三幕） 增强版

（父亲扯着领带疲惫入场，手机不断震动）

父亲：王总，方案马上改……李主任，发票在……（突然静音）小磊，爸爸给你点了外卖。（查看冷锅冷灶）又不吃饭？（发现成绩单颤抖）这……（举起手机欲砸又止，转身拨号）老婆，孩子又……

（幻听回响：角色 A、B、C、D 变形成客户围攻父亲）

角色 A：这季度指标还差 30％！

角色 B：你家孩子又惹事了！

角色 C：房贷该还了！

角色 D：老同学都升总监了……

（父亲抱头蹲下，手机滑落）

2. 深化同伴支持的作用

目前，同学角色更多承担"批判者"功能，其实还可增加正向互动，如设计"戒瘾挑战赛"，用团队积分制激励健康行为；让小磊帮助其他同学解决数学难题，重建现实中的自我价值感；加入"旧友回忆杀"，用篮球赛片段唤醒积极体验。

3. 增加"失败—修复"叙事

该剧在设计避免戒瘾过程时过于线性，可做如下改动。

（第六幕） 深化设计

（小希跑步场景改为"AR 跑步游戏"）

小希：（手机投影路线）今天要解锁故宫地图呢！（擦汗喘气）你知道吗？游戏设计者是我表哥，他考了三次计算机系……

小磊：（惊讶）可他们说你是完美……

小希：（亮出手腕伤疤）这是去年压力太大时……（轻笑）现在我把每道伤疤都看作生命的地图。（手机弹出运动排名）看！我连前十都进不了，但我会一路向前！

《沉迷》的成功在于它用戏剧性语言完成了三件事：看见痛苦（被忽视的情感需求）、拆解困境（家庭、同伴、自我期待的多重压力）、播种希望（改变的可能与路径）。若能在后续优化中增加过程的复杂性、解决方案的多样性、观众参与的深度，这部剧有望从"一堂心理课"升级为"一场成长仪式"。毕竟，戒断成瘾的本质，是帮助青少年找回掌控人生的勇气。正如剧中那句台词："你大好的青春，怕什么？往前跑。"这或许就是心理剧最珍贵的教育价值：让每个孩子相信，光就在自己脚下。

第十一章
生涯规划主题
——创编实例解析 8

第一节　原创剧本《爱的抉择》

(该剧获得 2024 年中小学校园心理剧大赛区级中学组二等奖)

一、人物简介

王铖焜（A）、宋雨欣（B）：全剧主线人物，彼此为好朋友，A 性格温润而坚定，善于捕捉生活和艺术美；B 性格善解人意而易动摇，擅长批判思维和逻辑推理、也易接受新鲜事物。

边如意（C）、赖有福（D）：全剧的贯穿性人物，"一人分饰三角"（既是 A、B 的同学，又是心理剧社成员，也是 AB 的人格化人物）。

王国梁（A 父）、尹秋霞（A 母）：父亲是建筑工地施工人员，酗酒、坚韧、倔强、固执、不苟言笑；母亲是服装厂缝纫组职工，善解人意、风趣而温柔。

宋章涛（B 父）、钱桂英（B 母）：父亲是银行经理，"妻管严"、家里的和事佬；母亲是计算机专家，沉着冷静、性子急又颇为脆弱。

艾美佳（E）：美丽、自信、学习好、高贵的淑女形象，计划出国留学。

童昕瑶（F）：B 的女儿，活泼可爱，充满好奇心。

二、剧本内容

第一幕

▶▶ 场景：美术画室

(大提琴音乐响起，仪式感满满。C、D 推动景片交叉上下场)

E：(上场，对 C、D 说) 你们心理剧社借我们的画板怎么现在才还回来。

D：抱歉啊，放哪里？

E：放这里吧，不行，还是放这里吧！

D：（殷勤）好嘞！

E：看什么看？

C：在家当大小姐还没当够啊；走，马上排练了。（C、D 下场，紧接着 A、B 上场）

A：你说，为什么我们的志向就那么不被认可？

B：真搞不懂，爸妈非要让我去学计算机，他们说人工智能专业最好就业，高收入、高福利，在亲朋面前特显面儿；还说就凭高薪就能找到高富帅的男朋友。是，大家需要钱。可我不想要那么多钱，不想要什么面子，只想学考古或文物保护！

A：你怎么喜欢上考古的？

B：面对博物馆感兴趣的文物，我能发呆半天，暑假参加河南殷墟都城遗址的研学营看到甲骨、青铜器、商代兵器、各种陶罐等先民生活的遗迹，让我惊叹和兴奋，感叹祖先的智慧，没有这些考古怎么谈中华的文化自信！

A：可不是嘛，壮丽的紫禁城，雄伟的布达拉宫，连绵不绝的长城……就情不自禁把心中的壮美渲染在画板上，这如何用金钱衡量呢？（停顿）或许，是我想得太浪漫了吧。

E：浪漫也可照亮现实啊。父母期望咱们将来有更好的生活，他们那么说也都没错。不过，更应该心平气和、耐心地跟父母坐下来好好谈谈咱们的规划和想法。美国心理学家亚伯拉罕·马斯洛提出过五层次需求理论。

B：现在跟他们说啥都没有用，都哪几个层次啊？

E：从低往高依次是生理、安全、社交、尊重和自我实现需求；只有做了咱们擅长和喜欢的事情，并最终实现了自我价值，才能倍感幸福和快乐！这不就是父母期盼的吗？

A：看来我得用这套五层次需求理论，跟我爸好好唠唠家常。

E：（坦然自若地）冷暖自知，关注你们自己内心真实的感受。我的音乐启蒙老师当年就跟我妈说："孩子不喜欢的东西，你给她，她也不要。"我感激老师一辈子。

B：（停顿）哦，要上课了，我得先走了。

（B 拿着道具下场）

A：（A 立刻跟着 B 下场，突然想到什么，立刻回头对 E 说）有道理。

E：（被 B 吓一跳）你没事吧？（撩一下头发，朝舞台另一侧下场）

B：啊，我很好！（扭头下场）

第二幕

▶ 场景：教室内

C：（与 D 同时转动景片）你说天天学历史有什么用？那么枯燥乏味、烦琐，一点意思都没有。

D：就是，一堆老掉牙的东西，学来干什么？

A：也不能这么说，以史明鉴的前提是史料和考古文物的印证。

E：得了吧，黑格尔不是还说"人类从历史中吸取的唯一教训，就是人类不会从历史中吸取教训"吗？

D：虽然听不懂，但总感觉是人内心的欲望回避了过去。

E：啊，也对，就是说史料和文物很重要，但人们总是会不自觉地轻视历史的经验和教训。不但要学史，还要论史、评史，历史唯物观亦可明心智啊。

（演员站立仪式化表演）

B：（风趣）你们太烦了，刚背的新民主主义革命的历史意义，被你们一搅和，又给全忘了。

第三幕

▶ 场景：办公室

（舞台上 C 和 D 转动景片转场，随后下场准备 A 的家庭戏份。班主任在下场门站着打量着 A、B 许久，A 提示 B 看到了班主任）

班主任：（幽默地）来来来，你俩过来！你们几个……（A、B 茫然，试探着走向老师，有不祥预感）

班主任：你们的父母都给我打过电话了，让我劝劝你们……

A：老师……

班主任：但我觉得没什么可劝你们的，我知道，你们的选择都是在深思熟虑后做出的，那就去做吧，老师相信你们，我也会帮你们劝劝你们的父母，不管最后的结果如何，老师都会支持你们的。

B：（恍然大悟）哎呀妈呀！可吓死我了，我还以为又犯错误了。（大步上前拉住老师的手）太感谢老师了！老师，您是最懂学生的。

班主任：（微笑）行了，你们先回去上课吧。

（舞台左侧 A 父母悄悄上场）

C：你说编剧怎么就把咱俩安排在心理剧社的道具组。经常被呼来唤去，累死了。我强烈抗议。

D：可不，咱们不光推景片、搬道具，还得扮演人格化的人物，也太把咱们当人才了。

C：哈哈哈，有用才显得重要，既然答应的事情，咱得把活儿干漂亮了。把你的中国结给我，我的福字给你，彼此串个门儿去，看看小主儿们都忙啥呢。

（仪式化形体，顺势搭建 A、B 家庭景，一双锃亮皮鞋在方墩上）

第四幕

▶ 场景：A 家

（C 手举一个大大的"福"字立在 A 家后区正中位置；A 在门口徘徊，终于下定决心进门。A 的父亲上场，打量皮鞋而后仔细抛光，母亲用围裙擦着手出场）

A 母：一回来就是拿着那双皮鞋，擦了一遍又一遍，够亮了，哈哈哈！再擦都脱皮了。

A 父：等儿子考上大学，升学宴上我不得好好显摆显摆呀。

A 母：（小心打探地）哎，他爸，咱儿子要不就随他的意愿吧，咱们吃了一辈子的苦，还不是为了孩子能快乐成长、幸福生活吗？他只要遵纪守法，做他喜欢的事业，没准儿也能有所成就，行行出状元；只要他踏实学习，敢于拼搏，咱们就鼓励他。你说呢？

A 父：这事儿你别管。（顺手把数好的钱放在桌上）给，这是他的学费和伙食费，回头你给他。

A 母：你就不会自己给他？（突然意识到丈夫的"不好意思"）好好好，我给他。

C：（手举"福"字，跑到 A 面前说）别老哭丧着脸，高兴点；你笑得真难看。站住！你听见没有，嗨，不理我，哼！（C 走回原位）

A：妈，爸，我回来了。

A 父：嗯。（应付地，顺手拿起报纸）

A 母：儿子回来了？赶紧洗手换衣服去，饭做好了，就等你了。

A：（试图）爸，我决定了，还是喜欢美术，我想把那些雄伟的古建筑画下来，从我儿时第一次见到故宫的时候就已经决定了，我要去参加艺考！

A 父：走艺术这条路不适合你，你成绩不算差，将来考个好大学。

A：（打断）爸，我说我要去参加艺考！从小你就不重视我的想法，一直敷衍我。我清楚地记得，为了可怜的面子，你让我一个小孩儿去邻居家借修车扳手，没借到就大发雷霆；表面上是锻炼我，其实是你懦弱无能；你说养两个儿子压力大，经常借酒消愁，你就是个懦夫。你永远在逃避现实，你在我心里是个彻底失败的榜样。

A 父：你小子可真长能耐了，学会挑爸爸的毛病了。跟你说多少次了，十二年的寒窗苦读，不是让你去画画玩的，老老实实考个大学。咱不说清华、北大，985、211 任意考上一个就行，不允许你瞎折腾；当初让你学画画只是为你寻个爱好，还当真了。

A：学美术同样能考上大学，同样能找到工作，哪里比别人差！

A 父：你再说一遍！

A：我先回房间了。（下场）

A 母：孩儿他爸，你说这怎么办啊？

A 父：还能怎么办，瞧把他能的；管不了他了，爱折腾，就让他折腾去吧。

A 母：（化解尴尬）他爸，你今天下班带回来的那条大鲤鱼，我不会收拾，你帮我处理一下，（说着拉父起身，但是父亲还在生气），就数你手巧，你烧的红烧鱼最好吃，别生气了，真拿你们爷俩没办法。（推着父亲下场，C 顺势下场）

▶▶ 场景：B 家

（A 组家庭话音刚落，B 组家庭紧接上台表演，从舞台右侧上场；D 举着"中国结"在 B 家庭后区正中位置。B 父母一边上场摆放桌椅一边说）

B 母：咱闺女回来就一头扎进卧室干什么呢？你把她叫出来，我有话跟她说。

B 父：啥事啊，还这么严肃，估计是复习功课呢。

B 母：这几天咱家电视用得还挺频繁啊！

B 父：是吧。我早就不买球了。（连忙推脱）

B 母：（不耐烦且焦急）还不赶紧去！

B 父：好好好！闺女，出来吃水果了！（没应答）乖女儿！你听见没有啊？宝贝儿！（试探）

B：（焦躁）一会儿就来。

D：（举着"中国结"走到 B 身边）你妈妈叫你呢，好像有重要的事情要找你谈谈，别不着急啊。（哄骗道）厨房还有你最爱的红烧肉哦（顽皮状），（见 B 没动）再不起来我可踢你屁股了。（程式化，准备抬脚踢，被 A 用手挡回去；捂住 D 的嘴）

B：嘘，快把嘴闭上，可别让别人知道你会说话。啊，我在看考古的历史纪录片呢。（D 悄悄回原位）

B 父：（夸赞）我闺女真行，就是有想法。将来长大了是想要从事历史方面的工作吗？

B：爸妈，你们还记得咱们初二的那次旅游吗？我现在确定了，我将来要去考古。著名心理学家马斯洛说过……（被打断）

B 母：我不懂心理学家是怎么说的，不是妈妈不支持你，你要知道考古这个工作面朝黄土背朝天。有的项目还要求去外地出差，甚至一去就是好几年。你的将来怎么办？

B：妈！这就是我想要做的！你不能把你的意愿强加于我身上，你不觉得你这样做太自私了吗？你偏执地认为硅基生命是未来，而碳基生命是脆弱的！你就和人工智能一样永远也无法有同理心，你是一个冰冷的人。你所痴迷的，我一点儿都不感兴趣……（情绪递进）

B 母：原来你就是这样看待妈妈的？（惊讶而不可思议的）我还不是为了你的将来考虑吗？不都是为了你好吗？孩子……（立刻被打断）

B：（泪水已冲破眼角，立刻打断母亲）妈……你就仗着我一直听你的话，是别人眼里的孝顺闺女，可是，你根本不了解我，我……

B 父：哎哟，我可怜的孩子……（抱住 B）好孩子，不哭，都是你妈不好，咱不理她。

B 母：你们爷儿俩太欺负人了。（委屈地哭）

B 父：乖！咱不跟妈妈一般见识啊！（女儿倔强着下台回头真诚地安慰 B 母）你相信孩子说的啊，非要把自己给气坏了，我多着急啊。（刻意给女儿听）瞧你把咱姑娘给逼的。

B 母：（误判）行啊，晚饭都饿着吧！到时候别来求我。

（舞动形体/雷雨声）

A：（独白）冰冷而硕大的雨滴打在阳台的花盆里，衬衣紧贴着肩和背，像塑封标本，无法挣脱，一点都透不过气，但我渴望这样的透心凉的感觉。可想到老爸背后雪白的盐霜圈，有点说不出的内疚。

B：（独白）让雷声更响、闪电更耀眼，才能更加安静地去面对爸妈的那个顺从、脆弱而不甘的好闺女。

（音乐响起：雨后黄晕而夺目的夕阳下，为我，挂起了直冲天际的彩虹。人，生而孤单和痛苦，为了追求幸福也许会付出沉痛的代价，暖阳下的我仍然笑着前行）

第五幕

▶ 场景：学校走廊

（C、D 二人手抬景片上场）

C、D：来来来，劳驾让一下。（第一遍）

A：（兴奋地）我爸昨晚用了"激将法"，吃饭时指着一盘红烧鱼说"吃了鱼你就成年了，你的路还是靠自己走"，表示同意学艺术，但要冲刺名校。我想这一定是因为李老师帮忙……

B：我决定放弃，果然我还得把考古调频到人工智能，爸妈说得对，科技工作也总得有人做，新科技也会成为历史，人类文明多种多样，用高科技去创造文明、记录文明，也功德无量。

A：这样也好。那预祝我们一切顺利，青春无悔！

C、D：来来来，劳驾让一下。（第二遍）

B：（生气地）你俩这是瞎忙活啥呢，真烦人！（边说边下场）

D：脾气咋这么大，看来得到咱们心理剧社锻炼锻炼。

C：就是，多扛扛景片就老实了。欠练！

D：你说导演是不是针对咱俩啊，一个劲儿地使唤咱俩，明天我不干了，退社团。

C：你胆儿真大，我可不敢，排剧有选修学分，你不要了？

D：看在学分的面子上，我再忍忍。

C：咱这么个态度，台下的"导演"是不是也会统计在他的心理学实验里。

D：不管怎样，最本真的自己就是有价值的。

C：尊重自我的存在，一切才会有意义。（彼此推着影片下场；C、D 的对话既是小升华也是给 A、B 换装时间）

第六幕

▶ 场景：故宫

（15 年后，秋日。依主人公自己的意愿，自我和解地选择了未来。大提琴背景

音乐响起)

F：妈妈，这个房子好高啊，金灿灿的好漂亮。哇，好大的狮子啊。

B：宝贝，这是文物。

F：文物是什么啊？

B：文物啊，就是很久很久以前的人们制造的东西，妈妈在小时候，可喜欢这些文物了，还想着当个考古学家呢。

F：妈妈，快来看这个叔叔画的银杏树。

B：（打量）你是？

A：好久不见，你还好吗，这是你的孩子？

B：是啊。叫叔叔。这么多年没见了，难不成你还真被聘为御用画师了？（中学时所畅言的期许）

A：哪里啊，我考完艺考之后，就读了设计专业，不过好在没那么忙，一闲下来就到处画画。小朋友，叔叔把这幅画送给你了，好不好呀？

F：谢谢叔叔。

B：我当初要是像你一样坚持下去就好了，从事计算机科学虽然挣得钱多，可看到这些精美的文物、雄伟的建筑，仍然有些许感慨和后悔……

A：（坦然安慰）过去的事就让它过去吧，你现在有个这么可爱的孩子，我倒羡慕你呢。

（A、B对视微笑，然后看向远方）

C：你越是认真生活，你的生活越美好。只要源自内心，为了爱，便有理由和勇气做出选择，也更有价值和意义。（站在上场门）

D：你可以很脆弱也可以很坚强。也愿你心怀梦想，坚定不移，专注脚下；在这鲜活而张扬的年纪，坦率直言而不枉此生。（站在下场门）

第二节 创编思路实录

一、选题依据

随着高考改革新方案的实施，高中教育的选择性不断增强，学生可选择不同的课程和考试科目，可选择多元发展路径，可选择喜欢的大学与专业，当代社会为高中生的自主发展、多元发展、个性化发展提供了条件。大学专业报考及选课选考制度都需要学生尽早了解自己的个性特征、兴趣、能力、价值观以及专业偏好，为自己将来选择适合的职业道路奠定基础。通过高中阶段加强生涯规划教育帮助学生把握住现在，看清楚未来，引导学生在学习实践中认识自我以及外部职业世界，初步确定未来职业发展的方向，从而激发学习动机，积极行动以实现自己的目标。学生的自我发展和自我实现，对其实现幸福人生具有十分重要的意义。

该剧探讨了自我认知、家庭期望、职业现实、心理支持等多个生涯规划要素，传递"为了爱，勇敢选择"的积极价值观。这不仅对青少年具有重要的教育意义，也为家长和教育工作者提供了深刻的启示：生涯规划是一个动态的、持续的过程，个体、家庭和社会需要共同努力，帮助青少年实现自我价值，走向幸福的未来。

二、故事素材来源

校园心理剧《爱的抉择》的故事不是发生在某一位同学身上，而是由心理社全体成员通过头脑风暴讨论剧本集体创作的结果。不聚焦到个人而是聚焦团体共同关注的话题，这些话题包括学生熟悉的常常引起自身心理冲突和心理困惑的日常问题。把这些素材典型化、夸大强化地搬上舞台，帮助剧情中主角自我成长和解决问题，同时也有助于通过共同关注的主题来启发、引导观众和参与者自我成长和解决问题。通过讨论，同学们提炼了几个关键词，比如自我认知、自我价值实现、大学专业及未来职业的选择、亲子沟通等。围绕这些关键词，同学们设计了六场剧情。

第一场：A 和 B 在画室的对话，揭示了他们对父母期望的不满和对自我梦想的坚持。E 的出现为 A 和 B 提供了心理学的理论支持（马斯洛的需求层次理论），帮助他们更好地理解自我价值实现的重要性。

第二场：C 和 D 的对话，进一步探讨了历史与现实的关系，暗示了 A 和 B 在择业问题上的困惑和挣扎。

第三场：班主任的出现为 A 和 B 提供了支持，表明他们并非孤立无援，老师的理解和支持为他们与父母进行沟通奠定了基础。

第四场：A 和 B 分别与父母发生冲突，A 的父亲坚持传统观念，B 的母亲则对考古职业持否定态度。这场冲突是剧情的高潮，展现了代际之间的深刻矛盾。

第五场：A 和 B 在学校的走廊上再次相遇，A 的父亲最终同意他学艺术，而 B 则决定放弃考古，选择计算机科学。这场戏展现了他们在面对现实时的妥协与坚持。

第六场：15 年后的重逢，A 和 B 各自实现了自己的职业梦想，虽然 B 对考古职业仍有遗憾，但她已经接受了现实。这场戏通过 A 和 B 的对话，表达了"自我和解"的主题。

三、心理剧结构设计及技术运用

1. 心理剧结构设计

校园心理剧不能像课堂或者心理咨询那样通过讲授心理学的知识解决学生心理问题，而应通过戏剧的舞台艺术来表现。剧中有 10 个角色，共六场戏，分别是"画室""教室内""办公室""A、B 两个家庭""学校走廊""故宫"。要在 14 分钟左右完整展现剧情是非常困难的。办法就是多场景演绎，多场景就是"变化"，有了变化戏剧就好看。我们把 A、B 作为主角，每场戏都要有他们；还要有贯穿性、线索性人物，那就是 C、D。他们既是 A、B 的同学，也是心理剧社的社员，又是人格化的角色，不但起到穿针引线的作用、也是喜剧化人物，用来调剂整个戏剧氛围，增加剧场性和观众的互动性，幽默的戏剧成分是最好的剧场催化剂。

校园心理剧一定要增加矛盾冲突。通过戏剧冲突，将人物性格表现出来，把诸多人物像拧麻绳、织渔网一样，"编造"在一起。这又是一个创作的难点，所以把激烈的矛盾冲突放在 A、B 两个家庭中，通过对话、行动、独白等增加戏剧性。

2. 技术运用

（1）准备技术

准备技术包括三个方面：演出团队的准备和选择演出场地、进行场景设置、道具设计搭配。演出团队的准备就是选择自愿参与的同学参加进行排练。我们在高一年级招募对心理和戏剧表演感兴趣的学生，最终选出 18 名学生，包括一名导演助理和主要角色的备份人选。并且从 9 月开始利用周末的时间排练，10 月份之后就是每周四的社团活动时间排练，总计有 15 次，每次 1.5 小时。道具设计方面，剧中对"中国结""福"字的运用，是写意舞台的一种必要创造，写意舞台除了白色的方墩、景片，没有别的"支点"，所以把这两片"红色"作为运动着的意象物，在人格化角色手中操纵甚是好看；也是美好、希望、幸福、圆满的象征。

（2）暖身技术

暖身是校园心理剧排练过程中推进团体氛围和动力发展的重要环节。每次排练前，我们都采用了舞蹈这种非言语暖身的形式，通过舞蹈使学生自发地表达情感。

（3）演出技术

第一，人格化角色（C 和 D）。C 和 D 不仅是 A 和 B 的同学，还是他们内心的人格化体现。通过他们的对话和行为，展现了 A 和 B 在择业问题上的心理挣扎和转变。

第二，仪式化表演。剧本中多次使用了仪式化的表演手法，如 C 和 D 推动景片、举着"福"字和中国结等，这些仪式化的动作增强了心理剧的象征性和仪式感，帮助观众更好地理解角色的内心世界。

第三，独白技术。A 和 B 的独白直接表达了他们的内心感受，增强了观众对角色心理状态的理解。

四、演出效果及学生成长收获

1. 演出效果

校园心理剧《爱的抉择》将生涯规划教育的目的贯彻始终。剧情注重教育启发和适度引导，通过演出启发学生理解生涯规划不是一次性的决策，而是一个动态的、持续的过程。个体的兴趣、能力和外部环境都会随着时间发生变化，因此生涯规划需要具备灵活性和适应性。另外，生涯规划中难免会有妥协和调整，但重要的是不断进行反思和调整，找到最适合自己专业和职业的发展方向。促使学生思考在生涯抉择中不仅考虑物质回报，还要关注内心的满足感和幸福感。

2. 学生成长与收获

首先，培养学生主动探究、沟通以及批判性思维的能力。比如排练过程中，允许学生在剧本的基本内容和框架下，进行自发性艺术创作，可以自行演绎剧中人物，在创演中随时对剧情内容的合理性质疑并给出意见；然后和导演沟通进行人物情感的脉络梳理和讲解恰当的表演方式方法。

其次，引导学生体验不同的角色，探索自我认识自我。比如"导演助理"这个角色，需要统筹、协助管理剧社排演，通过影像记录"演员"的成长过程，以及文字记录导演的课堂创造性调整，激活整个剧社排练的热情和激情。

最后，帮助学生树立生涯规划的理念，引导学生在学习生活中拥有开放、积极、乐观的心态去体验探索并整合"我是谁"的答案，促使学生完成自我同一，为学生全面、自主、有个性地发展和生涯规划奠定基础。

五、反思与心得

1. 以学生身边的实例为基础来编写剧本

高考改革选课选考的新变化需要学生在高中阶段就开始思考未来大学专业和职业的选择。剧中展现的心理问题就是学生日常遇到的困扰，这样才会引起学生的共鸣。

2. 常态化长效机制开展校园心理剧活动

校园心理剧热热闹闹地从招募，排练到最后参赛，取得了良好效果，那么后续该如何做才能持续帮助更多的同学尽早树立生涯规划的理念，思考和探索自己的兴趣能力和价值观，从而为未来职业的选择奠定基础？这一点需要在今后的校园心理剧创作过程中继续探索和努力。

第三节 专家解析和优化

本剧是北京工业大学附属中学（富力城校区）赵保军、李延老师带领学生创作的。

一、主题选取：从痛点出发，让教育自然生长

《爱的抉择》聚焦高中生生涯规划这一时代命题，选题精准且富有现实意义。在解析其主题选取时，我们可以从三个维度切入。

1. 紧贴教育改革脉搏

该剧本将关注点放在高考改革背景下的选科选专业难题上，这正是当下高中生最真实的生存状态。例如，剧中两位主角的挣扎——A 想学艺术却被父亲否定，B 热爱考古却被迫选择人工智能——直接映射了"兴趣与生存""理想与现实"的永恒矛盾。这种设计巧妙地将政策热点转化为戏剧冲突，让观众（尤其是学生）迅速产生代入感。主创团队没有停留在说教层面，而是通过角色之口抛出问题："高薪是否等于幸福？""父母的期待是否等于自己的未来？"这种开放式的提问，比直接给出答案更能引发深度思考。

2. 挖掘心理成长内核

生涯规划也是自我认知的过程。剧本通过马斯洛需求理论、适度内疚感研究等心理学概念，将职业选择升华为对生命价值的探索。例如第六场中，成年后的 B 虽从事计算机行业，却仍会带孩子参观故宫，这个细节传递了一个重要信息：人生选择不是非黑即白的单选题，而是动态调整的长期课题。这种处理既保留了现实的复杂性，又传递了积极的生命观。

3. 构建多元对话场域

剧中设置了学生、家长、教师三重视角，形成多声部对话。例如，班主任的角色看似戏份不多，却至关重要——他代表着教育系统中理性支持的力量。当他说出

"老师相信你们"时，实际是在构建一个理想的教育生态模型：家长、学校、社会应当成为学生探索自我的"安全网"，而非"束缚带"。这种设计让主题探讨更具系统性。

一个好的心理情景剧主题需兼具时代性、心理性和社会性。创作者要像社会观察员一样，从新闻政策、校园访谈、心理咨询案例中捕捉真实痛点，再通过艺术加工将其转化为可感知的故事。当然，这个剧本还有一些可以提升和优化的空间：其一，角色转变缺乏深层动机，B 的转变以"父母的压力"为驱动，缺少了内心转折的合理性，让观众感到"强行和解"；其二，家庭矛盾的解决方式单一，A 父的转变依赖"一盘红烧鱼"的象征性对话，B 母的脆弱性未被充分挖掘出来，削弱了代际沟通的复杂性；其三，价值观传递稍显矛盾：结局中 B 的遗憾与 A 的羡慕可能隐含"理想终需妥协"的悲观暗示，与"勇敢选择"的核心主题存在矛盾。

二、创编解析：用戏剧语法解构心理课题

该剧本的创作手法展现了专业心理剧与校园戏剧的融合智慧，值得从三个层面来拆解。

1. 结构设计的"双螺旋"模型

该剧本采用"现实线"与"象征线"交织的叙事策略。

（1）现实线。六场戏构成经典的"冲突—发展—和解"三幕剧结构，从画室争执到故宫重逢，形成完整闭环。

（2）象征线。C、D 两个贯穿性人物既是"工具人"（推动转场），又是"心理镜像"（如 C 举"福"字象征家庭期待，D 举"中国结"隐喻传统束缚）。他们在第五场关于"退社还是忍学分"的吐槽，恰是主角内心摇摆不定的外化表达。

这种设计既保证了戏剧节奏的紧凑性，又赋予了心理议题诗意的表达空间。不足之处在于，其"人格化角色"身份未与主角内心世界形成深度互动，喜剧化台词与严肃主题存在割裂。

2. 技术运用的"心理工具箱"

该剧的主创团队将专业心理剧技术转化为校园友好的舞台语言。

（1）人格化角色。C、D 的"一人分饰三角"绝非简单的角色节省技巧。当 C 在 A 家举着"福"字穿梭时，他既是同学、剧组成员，更是"家族传承"的象征

体，这种多义性增强了观众的解读乐趣。

（2）仪式化表演。擦皮鞋、举红灯笼等动作被赋予仪式感。例如 A 父反复擦拭升学宴皮鞋的细节，仅用 30 秒就刻画出"底层父亲通过子女教育实现阶层跨越"的集体潜意识，比大段台词更震撼人心。

（3）时空折叠。第六幕中 15 年后的重逢并非俗套的"成功学结局"。A 成为故宫画师却羡慕 B 的家庭，B 放弃考古却培养女儿对文物的兴趣——这种交叉补偿的结局，暗示了生涯规划的终极答案：选择即遗憾，成长即和解。

3. 排演过程的"生成性学习"

由创编实录可见，该剧的诞生本身就是一堂生动的生涯教育课。

（1）素材来自学生集体的头脑风暴，确保议题的真实性。

（2）排练中允许演员即兴创作（如第五场 B 对 C/D 发脾气的细节），保留了青春特有的真实质感。

（3）用舞蹈进行非言语热身，这正是心理剧"去评判化"理念的体现——当身体先于大脑放松，最本真的情感才能自然流淌。

校园心理剧不必追求专业戏剧的完成度，而要重视"过程即教育"。一次即兴表演、一场道具争执，都可能成为学生认识自我的契机。

三、优化建议：让思考留白，让真实呼吸

虽然该剧已具备较高的完成度，但从专业视角看仍有优化空间。

1. 角色聚焦与深度开掘

（1）问题。该剧 10 个角色中部分人物功能重叠（如 A/B 父母均属传统家长形象），导致冲突模式雷同。

（2）建议。合并家长角色，例如让 B 母兼具"计算机专家"与"曾被迫放弃艺术梦想"的双重背景，使她的反对更具悲剧性——她不是在压制女儿，而是在对抗自己曾经的遗憾。

（3）增强 E 的复杂性。目前 E 作为"完美榜样"过于扁平化，可设计隐线：她表面从容，实则承受着"必须出国"的家庭压力，在谢幕时突然哭泣。这种反差能破除"成功模板"的幻觉。

2. 冲突升级与和解逻辑

（1）问题。A 父的转变略显突兀（因一盘红烧鱼妥协），削弱了代际冲突的深

刻性。

（2）第五幕优化示例如下。

A父：（擦拭旧工具箱）这扳手……当年要是坚持做木匠……

A：（无意中发现箱底草图）爸，这是？

A父：（慌乱遮掩）年轻时瞎画的。

A：（展开泛黄图纸）紫禁城角楼结构图？

A母：（轻声）你爸当年是建筑系高才生……

（追光打在图纸上，A父亲的手颤抖着抚摸儿子的画作）

3. 象征系统的精炼提升

（1）问题。"福"字/"中国结"的意象使用稍显直白。

（2）建议。将红色意象动态化，例如让C/D在转场时用红绸带缠绕景片，最终在第六场将绸带拼成"∞"符号，预示生涯发展的无限可能。

（3）引入"未完成的画布"概念。开场时A在画布上涂抹灰暗色块，结尾时这幅画变成故宫秋景，而画布边缘依然留白——象征人生永远处于创作中。

本剧已具备基本的框架与创新意识，建议主创团队进一步挖掘"妥协中的创造性解决"，避免非黑即白的价值判断。可参考《死亡诗社》《心灵奇旅》等作品，探索"理想主义"与"现实韧性"的共生关系。期待该剧成为生涯规划教育的经典剧目，助力青少年在剧场中照见自我，走上更开阔的人生道路。

第十二章
学校心理情景剧活动的策划及组织

——深耕与传承，让心理教育扎根校园

第一节　策划与组织：构建长效化运作体系

一、顶层设计：系统化框架的搭建

作为中小学心理健康教育的创新抓手，心理情景剧的长效落地离不开科学规划。在这里，建议各位老师从目标定位、资源整合、动态优化三大维度构建系统化实施框架，助力心理情景剧成为守护学生心灵成长的有力工具。

1. 锚定长期目标，打造三位一体的育人模式

在工作中，我们要将心理情景剧深度融入校本心理健康教育体系，构建"课程—活动—科研"三位一体模式。在课程上，开发配套选修课程，系统教授剧本创作、角色心理分析、舞台表演技巧，帮助学生深化心理健康知识；在活动中，定期举办校园展演，鼓励全员参与，营造良好教育氛围；在科研方面，组织教师开展课题研究，探索心理情景剧的育人机制与实践策略，以科研反哺教学与活动，形成良性循环，塑造学校心理健康教育特色品牌。

2. 制订三年规划，分阶段稳步推进

我们可以把三年作为一个周期，制定相应的进阶目标：第一年聚焦普及推广，通过讲座、工作坊等形式，宣传心理情景剧价值，降低参与门槛，鼓励班级积极创作；第二年着重质量提升，邀请专业人士指导剧本创作与表演，组织校内评比，打磨优秀作品；第三年致力于品牌塑造，将优质剧目推向校外，参与各类成果展示，扩大学校心理情景剧影响力。

3. 动态调整主题，精准回应学生需求

在年度活动主题中，我们可以紧扣政策导向与学生心理需求。例如，结合"双减"政策，编排时间管理、压力缓解主题剧目；针对网络沉迷、生涯规划等学生常见困惑，设计情景剧引导思考。通过动态调整，确保心理情景剧贴近学生生活，切实发挥育人实效。

二、资源整合机制

1. 校内协同：多部门联动合作

在具体工作中，我们可以建立由德育处、心理中心、艺术组、后勤部组成的联席工作组，明确各部门职责分工，形成高效协同机制。第一，德育处发挥统筹协调作用，负责活动时间安排、场地协调，调动班主任的积极性，鼓励班级参与；第二，心理中心承担专业把关职责，对剧本的心理内核进行审核，确保剧情符合心理学原理，同时在排练和表演过程中，对参演学生的心理状态进行跟踪辅导，保障学生心理健康；第三，艺术组凭借专业优势，负责舞台设计、灯光音效等技术支持，提升心理情景剧的艺术表现力；第四，后勤部则做好后勤保障工作，负责物资采购、场地安全预案制定，为活动顺利开展保驾护航。

2. 校外联动：构建多元合作生态

在落地心理情景剧的过程中，第一，我们要积极引入外部资源，与高校心理学专家团队建立长期合作关系，邀请专家对剧本创作、活动策划进行专业指导，为心理情景剧提供科学理论支撑；第二，与专业戏剧团体合作，开展表演技巧培训、舞台实践指导等活动，提升学生的表演水平和舞台表现力；第三，联合公益基金会等社会组织，争取资金支持，用于设备采购、活动开展和成果推广，同时探索心理情景剧成果转化路径，如将优秀剧本改编成书籍、短视频等形式，扩大影响力，形成"专业指导+资金支持+成果转化"的多元合作生态。

三、动态迭代策略

1. 年度复盘：多方反馈优化提升

在每年心理情景剧活动结束后，我们要开展全面深入的复盘工作。

第一，可以通过设计学生满意度调查问卷，了解学生对心理情景剧内容、形式、教育效果等方面的评价和建议；第二，组织教师反馈会，收集班主任或学科教师在活动组织、学生参与等过程中的观察和意见；第三，邀请校外专家对活动进行专业评估，从心理学和艺术表演等角度提出改进意见。综合多方反馈，梳理活动中存在的问题，制定针对性的优化方案，不断完善活动流程和内容，提升心理情景剧的质量和教育实效。

2. 资源库更新：经验沉淀与共享

随着心理情景剧在校园的实施，我们要逐步建立"剧本库""技术方案库""培训课程库"三大资源库。第一，将历年优秀剧本分类整理存入"剧本库"，供后续创作参考借鉴；第二，把舞台设计、灯光音效等技术方案汇总到"技术方案库"，方便艺术组和相关工作人员查阅使用；第三，将专家培训课程、校内教学资源等纳入"培训课程库"，为师生提供学习提升的平台。通过资源库的持续更新和完善，实现经验的沉淀与共享，促进心理情景剧相关工作的高效开展和传承发展。

四、实施流程：标准化与灵活性结合

心理情景剧要想在中小学心理健康教育中规范化开展，需要经历一个科学的全周期管理流程。这个流程可分为筹备、创编、展演、沉淀四个阶段，各阶段既需遵循标准化制度，又鼓励结合本校特色进行校本化创新，确保活动取得实效。以下为具体实施策略，助力各位教师高效开展心理情景剧活动。

1. 筹备期：夯实基础，精准定位（1~2个月）

（1）需求调研：摸清学生心理脉搏

在筹备期首先要进行需求调研，第一，我们可以采用"线上问卷+线下访谈"相结合的方式，精准把握学生心理需求。线上利用问卷星等工具设计结构化问卷，围绕学习压力、人际交往、亲子关系、情绪管理等常见议题设置选择题、量表题和开放题，覆盖全校各年级学生；第二，线下组织3~5人焦点小组访谈，邀请不同性格、学业水平的学生代表，以轻松的聊天氛围引导学生分享真实困扰。例如，某中学通过调研发现，80%的初中生存在考试焦虑问题，65%的学生希望改善与父母的沟通方式，这些数据为后续活动指明方向。

（2）主题发布：明确创作方向

根据调研结果，结合当下政策热点和学生成长关键期，确定年度主题。例如，针对"双减"背景下学生的时间规划问题，可设定"时间魔法师"主题；针对青春期亲子冲突，设定"跨越代沟的桥梁"主题。发布主题时，配套提供主题解读文档，列举可创作的子议题和参考案例，帮助学生打开思路。

（3）团队组建：凝聚创作力量

如何组建心理情景剧活动的团队呢？我们可以以班级为单位组建创编小组，鼓励学生根据兴趣和特长自主报名，明确划分编剧、演员、道具制作、宣传推广等职能角色。教师可通过举办"角色说明会"，详细介绍各岗位职责和能力要求，同时强调团队协作的重要性。

2. 创编期：精心打磨，确保质量（1个月）

（1）剧本开发：降低创作门槛

为解决学生剧本创作经验不足的问题，提供"三幕式结构模板"：第一幕引入冲突，设置一个引发共鸣的心理困境；第二幕激化矛盾，展现主人公内心的挣扎与外部压力；第三幕解决成长问题，通过合理方式化解矛盾，体现积极向上的价值观。同时，分享优秀剧本范例，组织学生进行模仿创作和小组讨论，逐步提升创作能力。

（2）心理审核：坚守教育底线

心理教师依据《校园心理剧剧本评估标准》对剧本进行严格审核。评估维度包括：剧情是否符合学生认知水平和心理发展规律，是否存在误导性内容，解决方案是否积极可行等。例如，对于涉及抑郁情绪的剧本，需确保展现正确的求助方式，避免渲染消极情绪。审核过程中，及时与编剧沟通，提出修改建议，确保剧本兼具教育性和艺术性。

（3）技术赋能：提升创作效率

为了提高创作效率，我们在创编心理剧时可以引入数字化工具助力剧本创编和排练。比如利用AI剧本生成器，输入主题和关键词，获取灵感和框架；使用虚拟排练系统，演员可在线上模拟舞台走位和台词对戏，突破时间和空间限制。此外，还可借助视频剪辑软件，将排练过程录制下来，方便学生反复观看、自我改进。

3. 展演期：精彩呈现，扩大影响（2~3周）

（1）分级展演：激发参与热情

在展演期阶段，我们可以采用"班级初赛—校级决赛"的分级展演模式。班级初赛注重参与度，鼓励全员登台，采用"观众投票+教师评分"的双轨制评分方式，评选出"最佳创意奖""最具感染力奖"等特色奖项，增强学生的成就感。校级决赛则提高专业性，邀请心理专家、艺术教师、优秀班主任组成评委团，从"心理价值、艺术表现、创新性"三个维度进行打分，评选出第一、二、三等奖。

（2）成果转化：延续活动价值

展演结束后，教师可以将优秀剧目进行录制、剪辑，制作成微课视频，上传至学校心理健康教育资源平台，供全校师生观看学习。同时，组织优秀剧组到兄弟学校进行巡演，扩大活动影响力；联合当地媒体进行报道，提升学校心理健康教育工作的社会关注度。

4. 沉淀期：总结经验，持续优化（全年）

（1）效果评估：量化活动成效

在心理情景剧的评估上，我们可以建立多维度评估体系，全面衡量活动效果。短期评估采用"参演学生心理状态量表"（如 PHQ-9 评估抑郁症状、GAD-7 评估焦虑症状），在活动前后进行测量，对比学生情绪变化。长期评估则跟踪学生行为数据，如通过班主任反馈了解人际冲突发生率是否降低，调取学业成绩数据观察学习动力是否提升。通过数据分析，总结活动的成功经验与不足之处。

（2）经验推广：形成校本特色

评估结束后，我们可以将活动过程中的优秀做法、典型案例进行整理，编制《校园心理剧活动指南》，包含活动方案模板、剧本创作技巧、排练指导手册等内容，形成标准化操作流程。同时，鼓励教师结合本校文化和学生特点，对指南进行校本化改造，打造具有学校特色的心理健康教育品牌活动。

附：心理情景剧活动方案模板

一、活动背景

简述开展心理情景剧活动的原因，结合学生心理调研结果和政策要求说明活动必要性。

二、活动目标

帮助学生了解常见心理问题，掌握应对方法；培养学生团队协作能力和艺术表现力；营造积极向上的校园心理文化氛围。

三、活动时间与地点

筹备期：××月××日—××月××日

创编期：××月××日—××月××日

展演期：××月××日—××月××日

地点：××教室

四、参与对象

全校××年级学生。

五、活动流程

筹备阶段：需求调研、主题发布、团队组建。

创编阶段：剧本创作、审核修改、排练打磨。

展演阶段：班级初赛、校级决赛。

沉淀阶段：效果评估、经验总结。

六、人员分工

明确教师和学生在各环节的具体职责，如活动总策划、心理指导教师、各班级负责人等。

七、资源准备

物资：舞台道具、音响设备、服装等。

场地：排练教室、展演场地。

经费预算：列出各项开支明细。

八、评估与反馈

说明采用的评估方法和工具，以及反馈改进机制。

第二节 专业创编队伍建设：教师工作坊的体系化培养

作为一种创新的教育形式，心理情景剧在中小学心理健康教育中发挥着不可替代的作用。高质量的心理情景剧离不开专业教师队伍的支撑，在创编过程中，我们可以实施教师工作坊制度，通过构建"理论奠基—实践深化—创新突破"的三级进阶课程体系，搭配"三维支持"模式，助力教师从活动旁观者转变为专业指导者，为校园心理情景剧注入持久生命力。

一、三级进阶课程体系：分层提升专业能力

在创编心理剧时，教师工作坊需构建"理论奠基—实践深化—创新突破"的进阶路径，确保教师从旁观者转化为专业指导者。

1. 理论奠基：夯实双学科知识根基

心理情景剧的创编人员一定要认真学习心理学和戏剧学的双学科知识，具体内容为以下两个方面。

（1）心理学模块

聚焦青少年心理发展规律，通过"中小学生心理发展特点解析""青春期情绪管理策略"等课程，帮助教师掌握学生不同成长阶段的心理需求。结合莫雷诺心理剧理论，开展团体心理辅导技术实训，如"角色互换""空椅子技术"演练，理解心理剧的疗愈内核。课程采用文献研读、校园真实案例分析、伦理规范讨论等形式，引导教师思考如何将心理学知识融入剧目创作。例如，在分析"学生网络成瘾"案例时，教师需探讨如何通过剧情设计引导学生认识问题本质，避免说教式表达。

（2）戏剧学模块

系统讲解剧本结构设计，从"起承转合"的叙事逻辑到"冲突—高潮—结局"的节奏把控，辅以经典校园心理剧剧本解构。开展角色塑造技巧训练，如通过"人物小传撰写""台词语气揣摩"，让教师掌握如何指导学生演绎真实立体的角色。在

舞台调度实训中，教师分组完成分镜脚本撰写，并模拟舞台走位，学习利用空间布局增强戏剧张力。

2. 实践深化：从模拟演练到实战指导

校内心理情景剧的创编要求教师带领学生团队完成 10 分钟短剧创作，主题围绕学业焦虑、同伴冲突、亲子沟通等真实校园问题。教师需全程参与选题讨论、剧本打磨、排练指导，在实践中检验理论学习成果。例如，某教师指导学生以"考试失利后的自我救赎"为主题，通过主角与"压力怪兽"的对话，展现应对焦虑的正确方法。

专家跟岗指导是心理剧高质量的保证，学校可以组建由戏剧导演、心理专家构成的督导组，为创编教师提供"一对一"指导。在剧本创作阶段，专家从戏剧冲突设计、心理学专业角度提出修改建议。排练过程中，针对演员情绪表达、舞台节奏把控等问题现场示范。例如，专家发现某剧目中角色转变过于突兀，指导教师增加"回忆闪回"场景，让剧情发展更自然。

3. 创新突破：探索跨界融合新可能

在科技融合实践上，心理剧可以引入 VR/AR 技术培训，教师学习如何构建虚拟冲突场景，如模拟网络暴力、校园欺凌的沉浸式体验剧情。通过"元宇宙心理剧工作坊"，尝试将数字人、交互剧情融入创作，为学生带来全新体验。例如，利用 VR 设备让学生置身"虚拟家庭会议"，在互动中学习沟通技巧。

除了校园的舞台，还可以鼓励教师设计社区巡演方案，将校园心理剧向家庭、社会延伸。课程中开展"剧本社会适应性改造"工作坊，指导教师调整剧情，使其更贴合社区受众需求。例如，将"亲子沟通"主题剧目改编为适合家长观看的版本，增加家庭教育的呈现方式。

二、"三维支持"模式：保障培养长效性

1. 资源支持：构建一站式服务平台

第一，学校要积极建立"专家智库"，汇聚心理学教授、戏剧编导等领域专家，为心理剧创编人员提供在线咨询与讲座服务；第二，搭建"剧本案例库"，收录不同主题、学段的优秀剧本及教学反思，方便教师参考借鉴；第三，开发"技术工具包"，内含剧本创作模板、排练日程表、舞台道具制作教程等实用工具，降低教师

入门难度。

2. 网络协作：打造区域交流生态圈

搭建线上教师交流平台可以为创编人员提供更加广阔的创作空间，学校可以定期举办"心理剧创编沙龙"，围绕热点话题展开研讨。

3. 成果辐射：形成以点带面效应

学校一方面可以选拔优秀学员担任片区培训讲师，将学习成果反哺区域教师群体；另一方面可以组织"心理剧教学能手"评选，给予表现突出的教师展示的机会，如在市级心理健康教育研讨会上分享经验。通过"种子教师"带动，逐步扩大专业创编队伍影响力，推动心理情景剧在区域内普及。

第三节　学生创编队伍建设：社团与课程的协同赋能

学生是心理情景剧的重要参与者，他们在演绎角色的同时，也能实现心灵成长与综合素养进阶。因此，学生创编队伍的建设，在心理情景剧的工作中尤为重要。学校可以通过构建社团自主实践与课程系统教学协同赋能的双轨模式，激发学生的创造力与自主性，保障心理情景剧的专业性与教育性。以下为具体实施策略，助力教师打造高质量学生创编团队。

一、社团建设：构建自主化、专业化发展体系

学生社团是心理情景剧持续发展的活力源泉，需建立"招募—培养—传承"的全周期管理机制，让社团成为学生成长的实践平台。

1. 分层招募机制，广纳多元人才

（1）基础门槛

面向全体学生发布招募令，不设专业门槛，重点关注学生参与热情与好奇心。例如，某中学社团以"零基础也能当编剧！"为宣传口号，通过校园广播、短视频平台展示往期精彩片段，吸引对表演、创作感兴趣的学生加入。

（2）进阶选拔

对意向成员进行"即兴表演测试"和"剧本创作考核"。即兴表演环节设置"突然被老师表扬""与朋友发生争执"等校园常见场景，考查学生的临场反应与情感表达能力；剧本创作则要求围绕指定主题撰写300字故事梗概，评估其叙事能力与创意水平。通过选拔，组建编剧组、表演组、舞美组等核心团队。

2. 专业化训练体系，夯实创作根基

对于学生的专业化训练也分为两部分：心理学知识和戏剧技能。

（1）心理学知识

可以在学校开设"心灵解码课"，通过情景模拟、案例分析，帮助学生掌握情

绪识别、共情沟通、压力管理等技巧。例如，设计"情绪猜猜猜"游戏，让学生通过观察同伴表情动作判断情绪类型。

（2）戏剧技能

开展台词训练、肢体表现力课程，组织学生模仿经典戏剧片段，学习舞台走位与角色塑造。如通过《雷雨》片段排练，体会如何用声音和动作传递角色情感。

3. 传承与创新，保持社团活力

学校可以推出"学长导师制"，以经验和文化延续建立"一对一"导师带徒模式，由高年级社员指导新生，分享剧本创作技巧、排练注意事项及社团文化。定期举办"老社员分享会"，邀请毕业学长返校讲述参与心理情景剧的故事，增强成员归属感。

另外也可以尝试跨界融合，突破传统设立"跨学科创作基金"，鼓励学生将科技、艺术等元素融入剧目。例如，某社团利用 VR 技术打造沉浸式心理剧场景，观众佩戴设备即可"走进"角色内心世界；还有团队将街舞、说唱与心理剧情结合，创作出极具感染力的现代剧目。

二、课程设计：打造系统化知识能力培养体系

在心理情景剧的推广过程中，学校可以使校本课程与社团活动形成互补，为学生奠定扎实的理论基础并进行标准化技能训练。

1. 课程框架：理论、实践、评价三位一体

（1）理论模块

系统讲解心理剧发展史、社会学习理论及角色扮演的心理学机制，帮助学生理解心理情景剧的育人价值。例如，通过分析经典心理剧《请不要随便否定自己》，阐释如何利用角色扮演实现心理疗愈。

（2）实践模块

开展剧本结构分析、冲突设计工作坊和即兴表演训练。教师提供优秀剧本范例，带领学生拆解"开端—发展—高潮—结局"的叙事结构；在冲突设计环节，引导学生从校园生活中挖掘真实矛盾，设计合理的解决路径。

（3）评价模块

采用"过程性档案袋评价"，记录学生创作日志、排练反思、观众反馈等内容。

例如，要求学生每周撰写《创作手记》，分析遇到的困难与解决方法；演出后收集观众意见，作为改进依据。

2. 跨学科融合策略，拓宽育人边界

（1）与语文学科整合

将剧本写作纳入语文教学实践，通过人物刻画、对话设计训练，提升学生叙事能力与文学素养。例如，语文老师指导学生运用环境描写烘托角色心理，增强剧本感染力。

（2）与信息技术整合

引入数字工具，如舞台效果模拟软件、互动投票小程序，让学生学习利用科技手段提升演出效果。如使用虚拟舞台设计工具，提前规划灯光、音效；通过线上问卷收集观众对剧情的实时反馈。

三、协同模型：实现社团与课程的"双螺旋"驱动

社团与心理情景剧协同，可构建"资源共享、优势互补、双向赋能"的良性生态。

1. 资源互通：理论与实践深度融合

心理情景剧的课程为社团提供心理学、戏剧理论支撑，社团则为课程教学提供真实案例与实践场景。例如，课程中讲解的"共情技巧"，学生可在社团排练中通过角色代入进行实操；社团收集的校园心理问题，又成为课程案例分析的鲜活素材。

2. 成果互认：激励学生全面发展

将社团展演成果折算为课程学分，认可学生的实践价值；同时，鼓励学生将课程作业优化为社团剧本，实现成果转化。例如，学生在课程中完成的优秀剧本，经修改后可直接用于社团演出，并在课程评价中获得加分。

通过社团与课程的协同赋能，不仅能培养出专业的学生创编队伍，更能让心理情景剧真正成为滋养学生心灵、促进全面发展的优质教育载体。

参考文献

［1］ 徐红燕. 心理情景剧的探究及应用研究 ［D］. 哈尔滨：哈尔滨工程大学，2017.

［2］ 王熙慧，王帆，张一斐，等. 心理情景剧对高中生寻求专业心理帮助态度影响的效果 ［J］. 中国健康教育，2019，35（06）：530-533.

［3］ 邓薇薇，王丽君. 论青少年心理健康教育中推进生命教育的重要性 ［J］. 科学咨询，2022（08）：10-12.

［4］ 李一陵. 全社会一起做好少年儿童心理健康工作 ［J］. 中国卫生人才，2023（11）：8-9.

［5］ 潘锋. 加强心理健康教育是保障青少年健康成长的重要举措 ［J］. 妇儿健康导刊，2023，2（07）：4-6.

［6］ 朱根林，刘仪辉. 青少年心理健康服务平台的现状分析与功能设计 ［J］. 数字技术与应用，2024，42（01）：211-213.

［7］ 闫高慧，燕美琴，段爱旭，等. 积极心理干预对青少年心理健康状况和睡眠质量的影响 ［J］. 军事护理，2024，41（12）：27-30+56.

［8］ 青少年心理健康评估软件系统（第一版）简介 ［J］. 中国临床心理学杂志，2025，33（02）：449.

［9］ 吴月. 家校共育背景下儿童青少年心理健康问题及对策研究 ［J］. 公关世界，2025（06）：46-48.

后　记

在心理情景剧中探寻青少年心灵成长之路

在教育领域不断发展与革新的当下，青少年心理健康问题的重要性越发凸显。作为教育工作者和心理研究人员，我们深知青少年时期是个体身心发展的关键阶段，这一时期所面临的各种心理挑战和困惑，若得不到及时、有效的引导和疏解，可能会对他们的未来产生深远的影响。心理情景剧作为一种创新的心理健康教育方式，以其独特的魅力和显著的效果，逐渐走进了我们的视野，并在学校和社会中得到了广泛的应用。

心理情景剧并非简单的戏剧表演，它是心理学理论与戏剧艺术的有机结合。通过演员的生动演绎，将青少年在学习、生活中常见的心理问题和冲突以戏剧化的形式呈现出来，让观众在欣赏剧情的过程中，能够深刻地感受到角色的内心世界，产生强烈的共鸣。这种体验式的教育方式，能够打破传统心理健康教育的说教模式，使青少年更加主动地参与到心理调适和成长的过程中。

从专业的角度来看，心理情景剧的开展具有多方面的重要意义。然而，要成功地开展心理情景剧并非易事，心理情景剧需要专业的指导和精心的策划。在选题方面，要紧密结合青少年的实际生活和心理需求，选择具有代表性和普遍性的心理问题作为主题，如学习压力、人际关系、自我认同等。在编剧过程中，要注重剧情的逻辑性和感染力，使观众能够产生身临其境的感觉。同时，还要注意角色的塑造，让每个角色都具有鲜明的个性和丰富的内心世界。在导演和表演方面，要注重演员的心理辅导和技能培训。演员不仅要具备良好的表演能力，还要深入理解角色的心理状态和情感变化，将角色的内心世界真实地展现出来。此外，舞台设计、音乐音效等方面也都需要精心安排，以营造出与剧情相符合的氛围和情境。

心理情景剧是一种创新的心理健康教育载体，需要在同学、家长，甚至社会中进行大力的推广，这样才会吸引更多人的关注，才会让更多的青少年和家庭受益。在本书的编写过程中，我们汇聚了众多专家和一线教育工作者的智慧和经验，旨在为广大读者提供一本系统、全面、实用的心理情景剧创编指导书籍。我们希望通过这本书，能够帮助更多的人了解心理情景剧的专业知识和操作技巧，推动心理情景剧在青少年心理健康教育中的广泛应用。

心理情景剧的价值，不仅在于一场场精彩的演出，更在于其背后"机制化运作"与"专业化培养"的双重突破。当学校通过顶层设计将其融入育人体系，教师借助工具包提升指导能力，学生在社团与课程中实现自主成长，心理健康教育便从"锦上添花"的活动，转化为"立德树人"的重要抓手。这一模式所积累的经验，不仅为心理育人提供了新路径，更将为"五育融合"时代的教育创新，贡献可复制、可生长的实践智慧。

回顾心理情景剧的发展历程，我们看到了它在促进青少年心理健康方面所取得的显著成效。但我们也清醒地认识到，心理情景剧作为一种新兴的教育方式，还存在着许多需要完善和发展的地方。在未来的工作中，我们将继续深入研究心理情景剧的理论和实践，不断探索创新，为青少年心理健康教育事业做出更大的贡献。

最后，感谢所有参与本书编写和支持本书出版的人员，是你们的辛勤付出和共同努力，才使得这本书能够顺利问世。同时，也希望广大读者能够从这本书中获得启发和帮助，在心理情景剧的舞台上，为青少年的心灵成长搭建一座坚实的桥梁。

作　者

2025 年 3 月